Book Folding for the Beginner a

Dedication

For all those bibliophiles and crafters that have the imagination to see beyond the cover of a book.

Book Folding for the Beginner and Beyond

Table of Contents

What is book folding?	1
The Why	2
Getting Started	3
Abbreviations and Terminology	4
Centering the Pattern	6
Marking Pages	7
Commonly asked questions	8
The Patterns	10
Mark and Fold Tutorial	13
Mark and Fold Beginner Heart	15
Mark and Fold Home	18
Mark and Fold Shamrock	23
Mark and Fold Vertical Hearts	26
Cut and Fold Tutorial	32
Cut and Fold Celtic Knot	34
Cut and Fold Once Upon a Time Castle	42

Book Folding for the Beginner and Beyond

Cut and Fold Gnome	52
Cut and Fold Rose	59
Combi Tutorial	68
Combi Peace Sign	70
Combi Love	77
180 Fold Tutorial	85
180 Fold Card Pips	87
180 Fold Butterfly	93
About the Author	102

Book Folding for the Beginner and Beyond

This book is a guide to teach the art of book folding. The four techniques featured in this book are the mark and fold, cut and fold, combi and 180. Both beginner and advanced folders will find this book useful. There are 12 patterns, 4 tutorials, and all of the information you will need to become a successful book folder. The patterns include words, animals, symbols, and quotes. With the help of this guide, and some practice and patience, you will become an expert book folder in no time at all. Your friends and family will be amazed by your creations.

What is book folding?

Book folding is an art form of folding pages in books to create book sculptures. This is an eco-friendly craft that transforms and repurposes used books into art sculptures. Book lovers and crafters of all ages will enjoy this unusual art form. Better yet, all materials can be found around the house. It is easy to learn; has little to no start-up cost, and yet the finished products will be proudly displayed. This is a modern-day twist on the ancient art form of origami.

A book sculpture takes anywhere from a few hours to a few days to complete depending on the complexity of the design and the skill level of the folder. Many book folders describe the time they spend folding as very relaxing and meditative. The old saying, "Don't judge a book by its cover." is true with this hobby,

The Why

During the pandemic that hit the world in 2019, I was searching for something to do from the comfort and safety of my couch. While searching social media, I came across book folding. I found it challenging to piece together directions from so many sources. I had no one to ask questions. What is the difference between a mark and fold and mark and cut? Do I measure from the top of the page or the bottom? I had so many questions.

With this book, I hope to make it easy and enjoyable to learn this hobby without frustration. My first creation was a mark and fold bird, which was challenging, and I was thrilled with the outcome. Using that excitement, I began creating dozens of projects. With each project, I became more confident, creative, and knowledgeable of the techniques. After mastering the mark and fold, I learned the cut and fold, the combi and then finally the 180 which added a splash of color into the designs.

I decided I wanted to learn to create unique patterns. I designed a saxophone and a college mascot for my sons, a ham radio tower for my dad and a cactus for my niece. I enjoy nature, so that inspired many of my patterns

I opened up my Etsy store, **Patternybooks,** as a way to share book folding with others.Teaching book folding at schools, libraries and other civic organizations, has brought me as much delight as it brings to others.

My hope is for you to enjoy book folding, and the joy that comes with displaying your work or gifting your creations to family, friends, and coworkers.

Chapter 1
Getting Started

Gather Materials

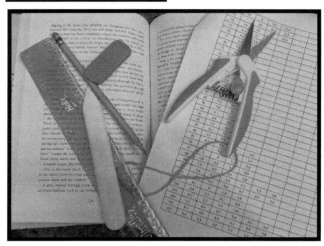

- Metric Ruler
    - All the patterns are in Centimeters.
- Eraser
- Scissors
    - Easy action scissors are recommended if making a lot of projects.
- Pencil
- Bone folder
    - Optional, but makes for good creases. A credit card or back of a spoon will work
- Rubber band
    - Any weight to hold down the folded book pages; a cell phone will work.
- Hardcover book
- Pattern,

Work Space

Find a space in your home that has a good light. It is preferable to have the light source behind you to eliminate extra shadows. Look for a space where you can spread out all of your materials. Many people prefer their dining room table for this.

Abbreviations and Terminology

MMF	Measure, mark, and fold	This is the best method for beginners. It gives a 3d effect.
MCF	Measure, cut, and fold	This allows for a lot of detail to be added to the design.
Combi	Combination fold	This is best for intermediate book folders. It combines the measure and mark method with the cut and fold method.

Book Folding for the Beginner and Beyond

180 Fold	Each page is folded 1cm toward the spine before marking the pattern.	This is best for advanced book folders. This allows for an inverted pattern with the option of card stock for color. Any cut and fold pattern can be completed using this method.
Half Fold	Fold each corner of the page to meet in the middle to form a point. Fold the tip to the spine of the book.	This allows for space between parts of a pattern.
Shadow	A specific type of pattern where every other page is folded.	Patterns in this book do not use this method. It is commonly used with portraits.
Diagonal	A combined method of a diagonal and a 180. This method gives additional dimensions.	Patterns in this book do not use this advanced method.

Book Folding for the Beginner and Beyond

Centering the Pattern

- Count up all the pages in the book including unnumbered pages.
- Subtract the number of pages in your book from the number of pages in the pattern.
- Divide that number in half.
- This is your starting page to begin marking the pattern.

Total number of pages in book
− Number of pages in pattern
= Pattern difference

Pattern difference ÷ 2 = The starting page number

541
−425
―――
116

$116 \div 2 = 58$

Begin on page 59 (must be odd)

All patterns begin with odd-numbered pages. If the number comes up even, add one to it.

Marking Pages

Always measure from the top of the book. Marks should be made on the edge of the pages. Most people prefer to work in the book-length way.

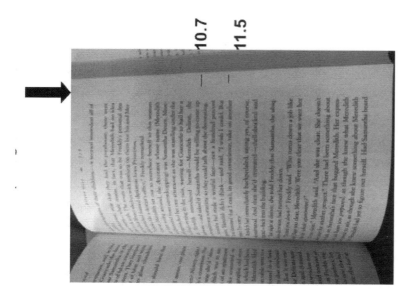

Book Folding for the Beginner and Beyond

Commonly Asked Questions

How do I easily make a 1 cm cut?
Option 1 is to mark 1 cm down from the tip of your scissors with a permanent marker. When you make the cuts, cut to the marked spot on the scissors.
Option 2 is to cut a piece of cardboard or cardstock 1cm shorter than the book. This can then be used as a template. An old greeting card works great for this.

Where do I find hardcover books?
- Library discards
- The Dollar store
- Thrift stores
- Garage Sales
- Search your parents' attic
- Beg friends and family

What is a good book choice?
Hardcover
Strong tight binding
Clean pages with a smooth edge (no deckle edges)
Avoid pictures because the image will distort the final project
The book needs to have adequate height to fit the entire pattern on it. Check the pattern for the needed height.

How do I make an accurate 180 fold?
The metal part of a hanging folder works great for this method. Fold each page over the metal piece, and then crease. This creates a nice even 180 fold. After each page is folded in 1 cm, mark each page with the pattern measurements.

Why does the pattern seem to skip pages?
The Patterns skip pages because each page of a book takes up two numbered pages. This is why there are only odd numbered pages on the patterns.

Book Folding for the Beginner and Beyond

How do I create crisp folds?
After the sculpture is completed, press it under heavy books or just sit on it for an hour.

What is a bone folder?
A bone folder is a hand tool that is flat that helps create sharp creases. It also decreases oils from your hand being transferred to the paper. They are often made of plastic.

What are the best scissors to use to prevent hand fatigue?
Scissors with a spring will help. They are often advertised as scissors for arthritis or easy action. A micro tip is helpful.

Why are the patterns in the Metric System of measurement?
Centimeters are evenly divided into tenths and more precise.

If a pattern has the same measurement, what should I do?
Book pattern creator programs average to the nearest tenth of a centimeter. Occasionally it averages to the same number twice in a row. When that happens, move the second number up to the next tenth. For example, if there are two 9.8 and 9.8, change to 9.8 and 9.9. The patterns in this book do not have this issue.

Why is my pattern turning out upside down?
Make sure you are always measuring from the top of the book page.

I keep losing track of where I am in the pattern, what do you suggest?
It's best to use a pencil to mark off the rows as they are completed. A magnetic bookmark or a sticky note are options.

I'm brand new to book folding, which pattern would be easiest?
It is recommended to begin with the Beginner Heart pattern.

Should I decorate the outside of the finished book?
This is up to you, the artist. Some people will tie a ribbon around the bottom of the book to keep the pages positioned correctly. Others decorate the outside of the book. Many people remove the dust cover and decorate the book with cardstock or wrapping paper.

Book Folding for the Beginner and Beyond

The Patterns

The 12 patterns in this book are divided by category and difficulty.

Chapter 2: Mark and Fold for Beginners

Beginner Heart	
Home	
Shamrock	
3 hearts	

Book Folding for the Beginner and Beyond

Chapter 3: Mark, Cut, and Fold for Intermediate Learners

Celtic Knot	
Once Upon a Time	
Gnome	
Rose	

Book Folding for the Beginner and Beyond

Chapter 4: Combi for Intermediate Learners

Peace Sign	
Love	

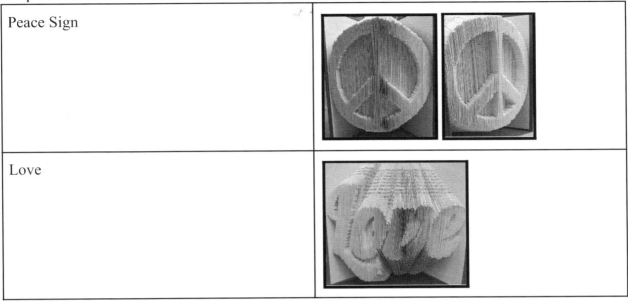

Chapter 5: 180 with cardstock for Advanced Learners

Card Pips	
Butterfly	

Book Folding for the Beginner and Beyond

Chapter 2
MMF Tutorial
Mark, Measure, and Fold

Step 1	Gather materials -pattern -hardcover book -ruler in Centimeters -pencil -eraser -bone folder	
Step 2	Calculate starting page number.	Total number of pages in book: 541 Number of pages in pattern: −425 Pattern difference: 116 Pattern difference ÷ 2 = The starting page number 116 ÷ 2 = 58 Begin on page 59 (must be odd)
Step 3	Measure from the top of each page holding the book as if reading it. -Each page will have two measurements. -Mark measurements with a pencil. -Make marks at the very edge of the page.	

Book Folding for the Beginner and Beyond

Step 4	Fold at each mark toward the outer edge of the book. Use a ruler to place on the upper mark and angle toward the upper binding Repeat with the bottom mark. Place the ruler on the lower mark and angle toward the bottom binding.	
Step 5	Crease with a credit card or something hard. A bone folder is ideal.	
Step 6	Finish the book by putting a weight on it overnight, so the pages crease evenly. Youtube video with step by step directions	

14

Book Folding for the Beginner and Beyond

Name:	Beginner Heart
No. of Pages:	173
Book Height (cm):	20.5
Method:	Measure, Mark & Fold

Book Folding for the Beginner and Beyond

Page No.	1st Measurement (cm)	2nd Measurement (cm)
1	5.7	7.3
3	4.7	8.4
5	4.3	9.3
7	3.9	9.8
9	3.7	10.5
11	3.5	11.0
13	3.3	11.5
15	3.2	12.1
17	3.0	12.7
19	2.8	13.3
21	2.8	14.3
23	2.7	16.3
25	2.6	16.3
27	2.5	16.3
29	2.4	16.2
31	2.4	16.1
33	2.3	16.0
35	2.3	15.9
37	2.3	15.8
39	2.3	15.8
41	2.3	15.7
43	2.3	15.6
45	2.2	15.5
47	2.2	15.4
49	2.3	15.3
51	2.3	15.3
53	2.3	15.2
55	2.3	15.1
57	2.3	15.1
59	2.3	15.0
61	2.4	14.9
63	2.4	14.8
65	2.5	14.8
67	2.6	14.8
69	2.7	14.8
71	2.8	14.7
73	2.9	14.6
75	3.1	14.6
77	3.2	14.5
79	3.3	14.5
81	3.5	14.4
83	3.8	14.4
85	3.9	14.3
87	4.2	14.3
89	4.5	14.3
91	4.8	14.3
93	5.2	14.2
95	5.6	14.2
97	6.0	14.1
99	6.0	14.1
101	6.0	14.0
103	5.9	14.0
105	5.9	13.9

Page No.	1st Measurement (cm)	2nd Measurement (cm)
107	5.9	13.8
109	5.8	13.8
111	5.8	13.8
113	5.8	13.7
115	5.8	13.7
117	5.8	13.6
119	5.8	13.5
121	5.8	13.5
123	5.8	13.4
125	5.8	13.3
127	5.8	13.3
129	5.8	13.2
131	5.8	13.1
133	5.8	13.1
135	5.8	13.0
137	5.8	12.8
139	5.9	12.8
141	5.9	12.7
143	6.0	12.6
145	6.0	12.5
147	6.1	12.4
149	6.2	12.3
151	6.3	12.2
153	6.3	12.1
155	6.4	11.9
157	6.6	11.8
159	6.8	11.6
161	6.9	11.5
163	7.1	11.3
165	7.3	11.2
167	7.6	10.9
169	7.9	10.7
171	8.3	10.3
173	9.1	9.4

Book Folding for the Beginner and Beyond

Name:	Home mmf
No. of Pages:	387
Book Height (cm):	23
Method:	Measure, Mark & Fold

Book Folding for the Beginner and Beyond

Page No.	1st Measurement (cm)	2nd Measurement (cm)
1	6.9	15.5
3	6.9	15.5
5	6.9	15.5
7	6.9	15.5
9	6.9	15.5
11	6.9	15.5
13	6.9	15.5
15	6.9	15.5
17	6.9	15.5
19	6.9	15.5
21	6.9	15.5
23	10.3	11.8
25	10.3	11.8
27	10.3	11.8
29	10.3	11.8
31	10.3	11.8
33	10.3	11.8
35	10.3	11.8
37	10.3	11.8
39	10.3	11.8
41	10.3	11.8
43	10.3	11.8
45	10.3	11.8
47	10.3	11.8
49	10.3	11.8
51	10.3	11.8
53	10.3	11.8
55	10.3	11.8
57	10.3	11.8
59	10.3	11.8
61	10.3	11.8
63	10.3	11.8
65	10.3	11.8
67	10.3	11.8
69	6.9	15.5
71	6.9	15.5
73	6.9	15.5
75	6.9	15.5
77	6.9	15.5
79	6.9	15.5
81	6.9	15.5
83	6.9	15.5
85	6.9	15.5
87	6.9	15.5
89	6.9	15.5
91	6.9	15.5
93	10.3	11.5
95	10.0	11.8
97	9.8	12.2
99	9.6	12.4
101	9.5	12.6
103	9.3	12.8
105	9.3	13.0

Book Folding for the Beginner and Beyond

Page No.	1st Measurement (cm)	2nd Measurement (cm)
107	9.2	13.2
109	9.2	13.3
111	9.1	13.5
113	9.1	13.7
115	9.1	13.8
117	9.1	14.0
119	9.1	14.2
121	9.2	14.3
123	9.2	14.5
125	9.3	14.7
127	9.3	14.8
129	9.4	14.9
131	9.5	15.1
133	9.7	15.3
135	9.8	15.3
137	10.0	15.5
139	10.3	15.6
141	10.1	15.5
143	9.9	15.4
145	9.8	15.3
147	9.6	15.2
149	9.4	15.0
151	9.3	14.8
153	9.3	14.8
155	9.2	14.6
157	9.2	14.4
159	9.1	14.3
161	9.1	14.1
163	9.1	13.9
165	9.1	13.8
167	9.1	13.6
169	9.2	13.4
171	9.2	13.3
173	9.3	13.1
175	9.3	12.9
177	9.4	12.7
179	9.5	12.5
181	9.7	12.3
183	9.8	12.0
185	10.2	11.7
187	9.3	15.4
189	9.3	15.5
191	9.3	15.5
193	9.3	15.5
195	9.3	15.5
197	9.3	15.5
199	9.3	15.5
201	9.3	15.5
203	9.3	15.5
205	9.3	15.5
207	9.3	15.5
209	10.0	15.4
211	9.8	11.2

Page No.	1st Measurement (cm)	2nd Measurement (cm)
213	9.7	10.8
215	9.6	10.7
217	9.5	10.6
219	9.4	10.5
221	9.3	10.4
223	9.3	10.4
225	9.3	10.4
227	9.2	10.4
229	9.2	10.4
231	9.2	10.5
233	9.2	10.6
235	9.2	10.8
237	9.2	11.3
239	9.2	15.5
241	9.2	15.5
243	9.3	15.5
245	9.3	15.5
247	9.4	15.5
249	9.5	15.5
251	9.6	15.5
253	9.8	15.5
255	9.9	15.5
257	10.1	15.5
259	9.9	15.5
261	9.8	11.3
263	9.7	10.9
265	9.6	10.8
267	9.4	10.6
269	9.4	10.5
271	9.3	10.5
273	9.3	10.4
275	9.2	10.4
277	9.2	10.4
279	9.2	10.4
281	9.2	10.5
283	9.2	10.6
285	9.2	10.8
287	9.2	11.2
289	9.2	15.5
291	9.3	15.5
293	9.3	15.5
295	9.3	15.5
297	9.4	15.5
299	9.5	15.5
301	9.6	15.5
303	9.8	15.5
305	9.9	15.5
307	10.2	15.5
309	10.7	15.5
311	11.4	13.4
313	10.9	13.9
315	10.6	14.3
317	10.3	14.5

Page No.	1st Measurement (cm)	2nd Measurement (cm)
319	10.2	14.7
321	10.0	14.8
323	9.8	15.0
325	9.7	15.1
327	9.6	15.2
329	9.5	15.3
331	9.4	15.3
333	9.3	11.5
335	11.8	12.8
337	13.9	15.5
339	9.3	10.7
341	11.8	12.8
343	14.3	15.6
345	9.2	10.4
347	11.8	12.8
349	14.4	15.7
351	9.2	10.4
353	11.8	12.8
355	14.3	15.6
357	9.2	10.6
359	11.8	12.8
361	14.1	15.6
363	9.3	11.0
365	11.8	12.8
367	9.4	12.8
369	13.6	15.3
371	9.7	12.8
373	13.6	15.2
375	9.9	12.8
377	13.7	14.9
379	10.3	12.8
381	13.8	14.6
383	10.8	12.8
385	13.8	14.1
387	11.9	12.8

Book Folding for the Beginner and Beyond

Name:	Clover MMF
No. of Pages:	199
Book Height (cm):	22
Method:	Measure, Mark & Fold

Book Folding for the Beginner and Beyond

Page No.	1st Measurement (cm)	2nd Measurement (cm)
1	10.5	11.5
3	5.5	7.3
5	9.9	12.1
7	5.2	7.7
9	9.7	12.3
11	4.9	7.9
13	9.4	12.5
15	4.8	8.1
17	9.3	12.7
19	4.7	8.3
21	9.1	12.8
23	4.6	8.4
25	9.0	12.8
27	4.6	8.5
29	8.9	12.8
31	4.6	8.6
33	8.8	12.8
35	4.7	8.7
37	4.7	12.8
39	3.3	14.2
41	3.1	14.5
43	2.8	14.7
45	2.8	14.8
47	2.6	14.9
49	2.5	15.0
51	2.4	15.2
53	18.5	19.3
55	2.3	15.3
57	18.2	19.5
59	2.3	15.3
61	17.8	19.8
63	2.3	15.3
65	17.5	19.6
67	2.3	15.3
69	17.1	19.2
71	2.3	15.3
73	16.7	18.7
75	2.4	15.2
77	16.2	18.2
79	2.6	15.0
81	15.6	17.7
83	2.8	14.8
85	14.9	17.0
87	3.1	16.7
89	3.3	16.3
91	3.5	15.9
93	3.8	15.6
95	4.1	15.1
97	4.5	14.7
99	5.2	14.2
101	5.3	13.6
103	4.7	12.9
105	4.2	13.3

Book Folding for the Beginner and Beyond

Page No.	1st Measurement (cm)	2nd Measurement (cm)
107	3.8	13.6
109	3.5	13.9
111	3.3	14.2
113	3.1	14.3
115	2.9	14.5
117	2.8	14.6
119	2.7	14.8
121	2.6	14.8
123	2.5	15.0
125	2.4	15.0
127	2.3	15.1
129	2.3	15.2
131	2.3	15.2
133	2.3	15.3
135	2.3	15.3
137	2.3	15.3
139	2.3	15.3
141	2.3	15.3
143	2.3	15.2
145	2.3	15.2
147	2.3	15.1
149	2.4	15.0
151	2.5	14.9
153	2.6	14.8
155	2.7	14.8
157	2.8	14.6
159	3.0	14.4
161	3.3	14.2
163	3.8	4.4
165	8.8	12.8
167	4.6	8.6
169	8.8	12.8
171	4.6	8.5
173	8.9	12.8
175	4.6	8.4
177	9.0	12.8
179	4.7	8.3
181	9.2	12.8
183	4.7	8.2
185	9.3	12.6
187	4.8	8.0
189	9.5	12.5
191	5.0	7.8
193	9.8	12.3
195	5.3	7.5
197	10.1	11.9
199	5.8	7.0

Book Folding for the Beginner and Beyond

Name:	3Hearts
No. of Pages:	451
Book Height (cm):	21
Method:	Measure, Mark & Fold

Book Folding for the Beginner and Beyond

Page No.	1st Measurement (cm)	2nd Measurement (cm)
1	6.9	8.7
3	6.5	9.2
5	6.2	9.5
7	6.0	9.8
9	5.8	10.1
11	5.6	10.3
13	5.5	10.6
15	5.3	10.8
17	5.3	11.0
19	5.2	11.2
21	5.1	11.3
23	5.0	11.5
25	4.9	11.7
27	4.8	11.8
29	4.8	12.1
31	4.8	12.3
33	4.8	12.3
35	4.7	12.5
37	4.7	12.7
39	4.7	12.8
41	4.7	13.0
43	4.7	13.2
45	4.7	13.3
47	4.7	13.5
49	4.8	13.8
51	4.8	13.9
53	4.8	14.1
55	4.9	14.3
57	5.0	14.5
59	5.1	14.7
61	5.2	14.9
63	5.3	15.1
65	5.5	15.3
67	5.7	15.5
69	5.8	15.8
71	6.1	15.9
73	6.3	16.2
75	6.3	16.3
77	6.1	16.2
79	5.8	15.9
81	5.7	15.7
83	5.5	15.4
85	5.3	15.3
87	5.2	15.0
89	5.1	14.8
91	5.0	14.6
93	4.9	14.4
95	4.8	14.3
97	4.8	14.0
99	4.8	13.8
101	4.7	13.7
103	4.7	13.5
105	4.7	13.3

Book Folding for the Beginner and Beyond

Page No.	1st Measurement (cm)	2nd Measurement (cm)
107	4.7	13.1
109	4.7	12.9
111	4.7	12.8
113	4.7	12.6
115	4.7	12.4
117	4.8	12.3
119	4.8	12.2
121	4.8	12.0
123	4.8	11.8
125	4.9	11.7
127	5.0	11.5
129	5.1	11.3
131	5.2	11.1
133	5.3	10.9
135	5.3	10.7
137	5.5	10.4
139	5.7	10.2
141	5.8	9.9
143	6.1	9.7
145	6.4	9.3
147	6.8	8.8
149	Half Fold	-
151	Half Fold	-
153	6.8	8.8
155	6.5	9.2
157	6.2	9.5
159	6.0	9.8
161	5.8	10.1
163	5.6	10.3
165	5.5	10.6
167	5.3	10.8
169	5.3	11.0
171	5.2	11.2
173	5.1	11.4
175	5.0	11.6
177	4.9	11.8
179	4.8	11.9
181	4.8	12.1
183	4.8	12.3
185	4.8	12.4
187	4.7	12.5
189	4.7	12.7
191	4.7	12.8
193	4.7	13.0
195	4.7	13.2
197	4.7	13.3
199	4.7	13.5
201	4.8	13.8
203	4.8	13.9
205	4.8	14.1
207	4.9	14.3
209	5.0	14.5
211	5.1	14.7

Book Folding for the Beginner and Beyond

Page No.	1st Measurement (cm)	2nd Measurement (cm)
213	5.2	14.9
215	5.3	15.1
217	5.5	15.3
219	5.7	15.5
221	5.9	15.8
223	6.1	16.0
225	6.3	16.2
227	6.3	16.3
229	6.1	16.1
231	5.8	15.9
233	5.7	15.7
235	5.5	15.4
237	5.3	15.3
239	5.2	15.0
241	5.1	14.8
243	5.0	14.6
245	4.9	14.4
247	4.8	14.2
249	4.8	14.0
251	4.8	13.8
253	4.7	13.7
255	4.7	13.5
257	4.7	13.3
259	4.7	13.1
261	4.7	12.9
263	4.7	12.8
265	4.7	12.6
267	4.7	12.4
269	4.8	12.3
271	4.8	12.2
273	4.8	12.0
275	4.8	11.8
277	4.9	11.7
279	5.0	11.5
281	5.1	11.3
283	5.2	11.1
285	5.3	10.9
287	5.3	10.7
289	5.5	10.4
291	5.7	10.2
293	5.9	9.9
295	6.2	9.6
297	6.4	9.3
299	6.8	8.8
301	Half Fold	
303	Half Fold	
305	6.8	8.8
307	6.5	9.3
309	6.2	9.6
311	6.0	9.8
313	5.8	10.2
315	5.6	10.4
317	5.4	10.6

Book Folding for the Beginner and Beyond

Page No.	1st Measurement (cm)	2nd Measurement (cm)
319	5.3	10.8
321	5.3	11.0
323	5.2	11.2
325	5.1	11.4
327	5.0	11.6
329	4.9	11.8
331	4.8	11.9
333	4.8	12.1
335	4.8	12.3
337	4.8	12.4
339	4.7	12.6
341	4.7	12.8
343	4.7	12.8
345	4.7	13.0
347	4.7	13.2
349	4.7	13.4
351	4.7	13.6
353	4.8	13.8
355	4.8	13.9
357	4.8	14.1
359	4.9	14.3
361	5.0	14.5
363	5.1	14.7
365	5.2	14.9
367	5.3	15.1
369	5.5	15.3
371	5.7	15.5
373	5.9	15.8
375	6.2	16.0
377	6.3	16.3
379	6.3	16.3
381	6.1	16.1
383	5.8	15.9
385	5.7	15.7
387	5.5	15.4
389	5.3	15.3
391	5.2	15.0
393	5.1	14.8
395	5.0	14.6
397	4.9	14.4
399	4.8	14.2
401	4.8	14.0
403	4.8	13.8
405	4.7	13.7
407	4.7	13.4
409	4.7	13.3
411	4.7	13.1
413	4.7	12.9
415	4.7	12.8
417	4.7	12.6
419	4.7	12.4
421	4.8	12.3
423	4.8	12.2

Page No.	1st Measurement (cm)	2nd Measurement (cm)
425	4.8	12.0
427	4.8	11.8
429	4.9	11.7
431	5.0	11.5
433	5.1	11.3
435	5.2	11.1
437	5.3	10.9
439	5.4	10.7
441	5.5	10.4
443	5.7	10.2
445	5.9	9.9
447	6.2	9.6
449	6.5	9.3
451	6.9	8.8

Chapter 3
MMCT Tutorial
Cut and Fold

Step 1	Gather materials -Hardcover book -Centimeter Ruler -Scissors -Pencil with eraser -Bone folder-helpful, not essential -Piece of cardstock -Rubberband-to hold pages back -Pattern	
Step 2	Calculate starting page number	Total number of pages in book 541 — Number of pages in pattern -425 ——— = Pattern difference 116 Pattern difference ÷ 2 = 116 ÷ 2 = 58 The starting page number Begin on page 59 (must be odd)

Book Folding for the Beginner and Beyond

Step 3	Measure and mark from the top of the page. Hold the book as if reading it. The measurements are on the pattern.	
Step 4	Cut in 1 cm at each mark. Use a piece of cardstock to form a template that is 1 cm shorter than the page. Or Use a permanent marker to mark 1cm on the scissors. Cut until this point.	
Step 5	Fold every other tab. Begin by folding in the first tab, the third, fifth, etc..	

Book Folding for the Beginner and Beyond

Name:	Celtic Knot
No. of Pages:	379
Book Height (cm):	22
Method:	Cut & Fold

Book Folding for the Beginner and Beyond

Page No.	Measure, Mark, Cut & Fold Points											
1	19.8	20.2										
3	19.5	20.2										
5	19.3	20.2										
7	18.9	20.3										
9	18.7	20.3										
11	18.4	20.3										
13	18.2	20.3										
15	17.9	20.3										
17	17.7	20.3										
19	17.4	20.3										
21	17.3	20.4										
23	17.0	20.4										
25	16.8	20.4										
27	16.7	20.4										
29	16.5	20.4										
31	16.3	20.4										
33	16.1	20.5										
35	16.0	20.5										
37	15.8	18.7	19.0	20.5								
39	15.7	18.4	19.0	20.5								
41	15.5	18.2	19.0	20.5								
43	15.3	18.0	19.0	20.5								
45	15.3	17.8	19.0	20.5								
47	15.1	17.6	19.0	20.5								
49	15.0	17.4	19.0	20.5								
51	14.8	17.2	19.0	20.5								
53	14.8	17.0	19.0	20.5								
55	15.0	16.8	19.0	20.5								
57	15.6	16.8	19.0	20.5								
59	15.9	16.6	19.0	20.5								
61	12.5	14.7	19.0	20.5								

Book Folding for the Beginner and Beyond

Page No.	Measure, Mark, Cut & Fold Points											
63	11.8	15.3	19.0	20.5								
65	11.3	15.8	19.0	20.5								
67	11.0	16.2	19.0	20.5								
69	10.7	16.5	19.0	20.5								
71	10.4	16.8	19.0	20.5								
73	10.2	17.0	19.0	20.5								
75	9.9	17.3	19.0	20.5								
77	9.7	17.5	19.0	20.5								
79	9.5	17.7	18.9	20.5								
81	9.3	17.8	18.9	20.5								
83	9.1	18.0	18.9	20.4								
85	8.9	18.3	18.9	20.4								
87	8.8	12.6	14.5	18.3	18.9	20.4						
89	8.7	12.0	15.2	18.4	18.8	20.4						
91	8.5	11.6	15.6	18.4	18.8	20.4						
93	8.3	11.3	12.8	14.3	15.9	18.4	18.8	20.3				
95	8.3	11.0	12.8	14.5	16.3	18.4	18.8	20.3				
97	8.1	10.7	12.7	14.5	16.5	18.4	18.8	20.3				
99	8.0	10.5	12.6	14.3	16.7	18.3	18.8	20.3				
101	7.8	10.3	12.6	14.3	16.9	18.3	18.8	20.3				
103	7.8	10.1	12.5	14.3	17.1	18.3	18.8	20.3				
105	7.7	9.9	12.4	14.2	17.3	18.3	18.7	20.3				
107	7.6	9.8	12.4	14.1	17.4	18.3	18.7	20.2				
109	7.4	9.6	12.3	14.0	17.6	18.3	18.6	20.2				
111	7.3	9.4	12.3	13.9	17.8	18.2	18.6	20.2				
113	7.3	9.3	12.2	13.9	17.8	18.2	18.6	20.1				
115	7.2	9.2	12.2	13.8	18.0	18.1	18.5	20.1				
117	7.1	9.1	12.1	13.8	18.5	20.0						
119	7.0	8.9	12.1	13.8	18.4	20.0						
121	6.9	8.8	12.0	13.7	18.3	19.9						
123	6.8	8.8	12.0	13.6	18.3	19.8						

Book Folding for the Beginner and Beyond

Page No.	Measure, Mark, Cut & Fold Points											
125	6.8	7.7	11.9	13.6	18.3	19.8	20.3	20.4				
127	6.8	7.0	11.8	13.5	18.3	19.8	20.2	20.4				
129	11.8	13.4	18.2	19.7	20.2	20.5						
131	7.8	10.7	11.8	13.4	18.2	19.7	20.1	20.6				
133	7.1	11.3	11.8	13.3	18.1	19.6	20.0	20.7				
135	6.5	11.3	11.8	13.3	18.0	19.5	20.0	20.7				
137	6.1	11.3	11.7	13.3	18.0	19.4	19.9	20.8				
139	5.8	11.3	11.7	13.3	17.9	19.4	19.8	20.8				
141	5.3	11.3	11.7	13.2	17.8	19.3	19.8	20.8				
143	5.0	11.3	11.6	13.2	17.8	19.3	19.8	20.9				
145	4.8	11.2	11.6	13.2	13.5	13.8	17.8	19.2	19.7	20.9		
147	4.4	11.2	11.6	13.1	13.5	14.0	17.7	19.1	19.6	21.0		
149	4.2	11.2	11.5	13.1	13.4	14.3	17.6	19.1	19.5	21.1		
151	3.9	11.1	11.5	13.0	13.4	14.5	17.5	19.0	19.5	21.1		
153	3.7	11.1	11.5	13.0	13.4	14.8	17.4	18.9	19.5	21.2		
155	3.5	11.1	11.4	13.0	13.3	14.9	17.3	18.8	19.5	21.2		
157	3.3	7.8	10.8	11.0	11.4	12.9	13.3	15.1	17.3	18.8	19.6	21.2
159	3.1	7.1	11.4	12.9	13.3	15.3	17.2	18.7	19.7	21.3		
161	2.8	6.7	11.4	12.9	13.3	15.5	17.1	18.7	19.7	21.3		
163	2.7	6.2	11.3	12.9	13.3	15.7	17.0	18.6	19.7	21.3		
165	2.5	5.9	7.3	7.4	11.3	12.9	13.3	15.8	16.9	18.5	19.8	21.3
167	2.3	5.6	6.8	7.4	11.3	12.8	13.3	16.0	16.8	18.4	19.8	21.3
169	2.2	5.3	6.3	7.4	11.3	12.8	13.3	16.2	16.8	18.3	19.8	21.3
171	2.0	5.0	6.0	7.3	11.3	12.8	13.4	16.3	16.9	18.3	19.8	21.3
173	1.8	4.8	5.8	7.3	11.3	12.8	13.7	16.4	17.0	18.3	19.8	21.4
175	1.7	4.5	5.8	7.3	11.3	12.8	13.9	16.6	17.2	18.2	19.8	21.4
177	1.5	4.3	5.8	7.3	11.3	12.8	14.2	16.7	17.3	18.1	19.9	21.4
179	1.3	4.1	5.8	7.3	11.3	12.8	14.3	16.8	17.4	18.0	19.9	21.4
181	1.2	3.8	5.8	7.3	11.3	12.8	14.5	16.9	17.5	17.9	19.9	21.4
183	1.0	3.7	5.8	7.3	11.3	12.8	14.7	17.1	17.6	17.9	19.9	21.4
185	0.9	3.5	5.8	7.3	11.3	12.8	14.8	17.2	17.8	17.9	19.9	21.4

Book Folding for the Beginner and Beyond

Page No.	Measure, Mark, Cut & Fold Points												
187	0.8	3.3	5.7	7.3	11.3	12.8	15.0	17.3	19.9	21.4			
189	0.6	3.1	5.7	7.3	11.3	12.8	15.2	17.4	19.9	21.5			
191	0.6	3.1	5.7	7.3	11.3	12.8	15.3	17.5	19.9	21.5			
193	0.8	3.3	5.7	7.3	11.3	12.8	15.5	17.7	19.9	21.5			
195	0.9	3.5	5.7	7.3	11.3	12.8	15.6	17.8	19.9	21.4			
197	1.1	3.7	5.7	7.3	11.3	12.8	15.0	15.2	15.8	17.8	19.9	21.4	
199	1.2	3.8	5.8	7.3	11.3	12.8	14.8	15.3	15.9	17.9	19.9	21.4	
201	1.3	4.0	5.8	7.3	11.3	12.8	14.7	15.4	16.0	18.0	19.9	21.4	
203	1.5	4.3	5.8	7.3	11.3	12.8	14.5	15.6	16.2	18.2	19.9	21.4	
205	1.7	4.4	5.8	7.3	11.3	12.8	14.3	15.8	16.3	18.3	19.9	21.4	
207	1.8	4.7	5.8	7.3	11.3	12.8	14.1	15.8	16.3	18.3	19.8	21.4	
209	1.9	4.9	5.8	7.3	11.3	12.8	13.9	15.9	16.4	18.4	19.8	21.4	
211	2.1	5.2	5.8	7.3	11.3	12.8	13.7	16.1	16.6	18.5	19.8	21.4	
213	2.3	5.3	5.8	7.3	11.3	12.4	13.4	16.2	16.7	18.6	19.8	21.3	
215	2.5	5.4	5.8	7.4	11.3	12.1	13.2	16.2	16.8	18.7	19.8	21.3	
217	2.7	5.4	5.8	7.4	11.3	11.6	12.9	16.0	16.8	18.7	19.8	21.3	
219	2.8	5.5	5.9	7.4	12.6	15.8	16.9	18.8	19.7	21.3			
221	3.0	5.5	5.9	7.5	12.3	15.7	17.0	18.8	19.7	21.3			
223	3.3	5.6	6.0	7.5	11.8	15.5	17.2	18.9	19.7	21.3			
225	3.4	5.6	6.0	7.6	11.2	15.3	17.2	19.0	19.6	21.2			
227	3.7	5.7	6.1	7.6	8.0	8.7	10.4	15.1	17.3	19.1	19.6	21.2	
229	3.9	5.7	6.1	7.7	8.0	14.9	17.3	19.1	19.5	21.2			
231	4.1	5.8	6.2	7.7	8.1	14.7	17.4	19.1	19.5	21.1			
233	4.3	5.8	6.2	7.8	8.2	14.5	17.5	19.0	19.4	21.1			
235	4.7	5.8	6.2	7.8	8.2	14.3	17.6	18.9	19.3	21.0			
237	4.9	5.8	6.3	7.8	8.3	13.9	17.7	18.9	19.3	21.0			
239	5.2	5.9	6.3	7.9	8.3	13.8	17.8	18.8	19.3	20.9			
241	5.5	5.9	6.3	7.9	8.4	13.4	17.8	18.8	19.2	20.9			
243	6.3	8.0	8.5	13.1	17.8	18.7	19.1	20.8					
245	6.4	8.1	8.6	12.7	17.9	18.6	19.1	20.8					
247	6.4	8.2	8.6	12.3	18.0	18.5	19.0	20.8					

Book Folding for the Beginner and Beyond

Page No.	Measure, Mark, Cut & Fold Points												
249	6.5	8.3	8.8	11.8	13.3	13.4	18.0	18.4	18.9	20.7			
251	6.6	8.3	8.8	11.2	12.8	13.4	18.1	18.3	18.8	20.6			
253	6.6	8.4	9.2	9.8	12.3	13.5	18.2	18.3	18.8	20.6			
255	6.7	8.5	11.9	13.5	18.7	20.5							
257	6.8	8.6	11.9	13.6	18.6	20.4							
259	6.8	8.7	12.0	13.7	18.5	20.3							
261	6.9	8.8	12.0	13.7	18.4	20.3							
263	7.0	8.9	12.1	13.8	18.3	20.2							
265	7.1	9.0	12.1	13.8	18.2	20.1							
267	7.2	9.2	12.2	13.8	18.0	20.0							
269	7.3	9.3	12.3	13.9	17.9	19.9							
271	7.3	9.3	12.3	14.0	17.8	19.8							
273	7.4	9.5	12.3	14.1	17.7	19.7							
275	7.5	9.7	12.4	14.1	17.5	19.6							
277	7.6	9.8	12.4	14.2	17.3	19.5	20.0	20.2					
279	7.7	10.0	12.5	14.3	17.2	19.3	19.9	20.3					
281	7.8	10.2	12.6	14.3	17.0	19.3	19.8	20.3					
283	7.9	10.4	12.7	14.4	16.8	19.2	19.7	20.3					
285	8.0	10.6	12.7	14.5	16.6	19.1	19.6	20.3					
287	8.2	10.8	12.8	14.6	16.3	18.9	19.5	20.3					
289	8.3	11.1	12.8	14.7	16.1	18.8	19.3	20.3					
291	8.4	11.4	12.9	14.8	15.8	18.8	19.3	20.3					
293	8.6	11.8	13.0	14.8	15.5	18.6	19.2	20.4					
295	8.8	12.3	13.1	14.9	15.4	18.4	19.1	20.4					
297	8.8	12.7	13.2	15.0	15.6	18.3	18.9	20.4					
299	9.0	12.8	13.3	15.2	15.7	18.1	18.9	20.4					
301	9.2	12.8	13.3	15.3	15.8	17.9	18.9	20.4					
303	9.4	12.9	13.4	15.3	15.8	17.8	18.9	20.4					
305	9.6	13.0	13.5	15.4	16.0	17.6	18.9	20.4					
307	9.8	13.1	13.6	15.6	16.1	17.3	18.9	20.5					
309	10.0	13.2	13.7	15.7	16.3	17.2	18.9	20.5					

Book Folding for the Beginner and Beyond

Page No.	Measure, Mark, Cut & Fold Points												
311	10.3	13.3	13.8	15.8	16.3	16.9	18.9	20.5					
313	10.5	13.3	13.8	15.9	18.9	20.5							
315	10.8	13.4	13.9	16.0	18.9	20.5							
317	11.2	13.5	14.0	16.2	19.0	20.5							
319	11.6	13.7	14.2	16.3	19.0	20.5							
321	12.1	13.8	14.3	16.4	19.0	20.5							
323	12.9	13.8	14.3	16.6	19.0	20.5							
325	14.4	16.8	19.0	20.5									
327	14.6	16.9	19.0	20.5									
329	14.7	17.1	19.0	20.5									
331	14.8	17.3	19.0	20.5									
333	14.9	17.4	18.9	20.5									
335	15.1	17.7	18.9	20.5									
337	15.3	17.8	18.9	20.5									
339	15.3	18.1	18.9	20.5									
341	15.5	18.3	18.9	20.5									
343	15.7	18.5	18.9	20.5									
345	15.8	18.8	18.9	20.5									
347	15.9	20.4											
349	16.1	20.4											
351	16.3	20.4											
353	16.5	20.4											
355	16.7	20.4											
357	16.8	20.4											
359	17.0	20.3											
361	17.3	20.3											
363	17.4	20.3											
365	17.7	20.3											
367	17.9	20.3											
369	18.2	20.3											
371	18.5	20.3											

Page No.	Measure, Mark, Cut & Fold Points												
373	18.8	20.3											
375	19.1	20.3											
377	19.4	20.2											
379	19.8	20.2											

Book Folding for the Beginner and Beyond

Name:	Once upon a time
No. of Pages:	551
Book Height (cm):	22
Method:	Cut & Fold

Book Folding for the Beginner and Beyond

Page No.	Measure, Mark, Cut & Fold Points												
1	10.0	10.4											
3	9.8	10.6	17.0	17.4									
5	9.8	10.0	10.2	10.7	16.8	17.6							
7	4.0	5.3	9.7	9.8	10.3	10.7	15.9	16.3	16.8	17.7			
9	3.8	5.6	9.6	9.8	10.3	10.7	15.8	16.3	16.7	17.8			
11	3.5	5.8	9.6	9.7	10.3	10.7	15.8	16.3	16.7	17.8			
13	3.3	6.0	9.5	9.6	10.2	10.7	15.7	15.8	16.0	16.3	16.6	17.8	
15	3.2	6.2	9.5	9.6	10.2	10.6	15.7	15.8	16.0	16.3	16.6	17.8	
17	3.1	6.3	9.4	9.6	10.3	10.5	15.6	15.8	16.6	16.8	17.4	17.8	
19	3.0	6.3	9.4	9.6	15.6	15.8	16.5	16.7	17.5	17.8			
21	2.9	6.4	9.4	9.6	15.6	15.8	16.5	16.6	17.5	17.8			
23	2.8	6.5	9.4	9.6	11.3	11.8	15.6	15.8	16.4	16.6	17.5	17.7	
25	2.8	6.6	9.4	12.1	15.6	15.8	16.4	16.6	17.5	17.6			
27	2.7	6.7	9.4	12.3	15.6	15.8	16.3	16.6	17.4	17.5			
29	2.6	6.7	9.4	12.3	15.6	17.5							
31	2.5	6.8	9.4	12.4	15.6	17.7							
33	2.5	6.8	9.4	12.4	15.7	17.8							
35	2.4	3.7	5.4	6.8	9.5	12.5	15.7	17.8					
37	2.4	3.5	5.8	6.8	9.5	12.5	15.8	17.8					
39	2.3	3.8	6.0	6.8	9.7	11.0	11.9	12.5	15.8	17.8			
41	2.3	4.0	6.2	6.9	12.2	12.6	15.9	17.8					
43	2.3	4.1	6.3	6.9	12.3	12.6	17.5	17.8					
45	2.4	4.2	6.3	6.9	12.3	12.6	17.6	17.7					
47	2.5	4.3	6.4	6.9	12.3	12.6	17.5	17.6					
49	2.5	3.3	3.4	4.3	6.4	6.9	12.3	12.5					
51	2.5	3.0	3.6	4.3	6.5	6.9	12.3	12.5					
53	2.4	2.9	3.7	4.3	6.5	6.9	12.3	12.5					
55	2.4	2.8	3.7	4.3	6.5	6.9	9.5	9.6	12.3	12.5			
57	2.4	2.8	3.8	4.2	6.4	6.9	9.5	9.6	12.3	12.4			
59	2.4	2.9	6.4	6.9	9.5	9.6	12.3	12.4					
61	2.4	2.9	6.3	6.9	9.4	12.4							

Book Folding for the Beginner and Beyond

Page No.	Measure, Mark, Cut & Fold Points												
63	2.4	3.0	6.3	6.9	9.4	12.5							
65	2.4	3.2	6.1	6.9	9.4	12.5							
67	2.4	3.3	5.9	6.8	9.4	12.6							
69	2.4	3.7	5.6	6.8	9.4	12.6							
71	2.4	6.8	9.4	12.6									
73	2.5	6.8	9.4	12.5									
75	2.5	6.7	9.5	12.5	15.3	15.8							
77	2.6	6.7	12.3	12.5	15.1	15.9							
79	2.7	6.6	12.3	12.5	15.0	15.3	15.5	16.0					
81	1.3	1.4	2.7	6.5	12.3	12.4	14.9	15.1	15.6	16.0			
83	1.3	1.4	2.8	6.4	12.3	12.4	14.9	15.1	15.6	16.0			
85	2.8	6.3	14.8	15.0	15.6	16.0							
87	2.9	6.3	10.5	10.6	14.8	14.9	15.5	16.0					
89	3.1	6.2	10.4	10.6	14.8	14.9	15.5	15.9					
91	3.2	6.0	10.4	10.6	14.8	14.9	15.6	15.8					
93	3.3	5.8	10.4	13.5	14.8	14.9							
95	3.5	5.7	10.3	13.6	14.7	14.8							
97	3.8	5.4	10.3	13.6	14.7	14.8							
99	4.3	4.8	4.9	5.0	10.3	13.7	14.7	14.8					
101	10.4	13.6	14.7	14.8									
103	4.8	4.9	10.4	13.6	14.7	17.7							
105	4.8	4.9	10.5	13.5	14.7	17.8							
107	4.8	6.8	10.6	10.8	12.2	12.4	14.7	17.8					
109	4.8	6.9	10.5	10.7	12.3	12.4	14.6	17.8					
111	4.8	6.9	10.4	10.6	12.3	12.5	14.6	17.8					
113	4.8	6.9	10.4	10.6	12.3	12.5	14.6	17.8					
115	4.8	6.9	10.4	10.6	12.3	12.6	14.6	17.8					
117	4.8	6.9	10.3	10.7	12.3	12.6	14.6	17.7					
119	4.8	6.9	10.3	10.8	12.1	12.6	14.6	14.8					
121	5.1	5.3	10.3	12.6	14.6	14.8							
123	5.1	5.2	10.4	12.5	14.6	14.8							

Book Folding for the Beginner and Beyond

Page No.	Measure, Mark, Cut & Fold Points												
125	5.0	5.1	10.4	12.5	14.7	14.8							
127	4.9	5.1	7.2	7.3	10.4	12.4	14.7	14.8					
129	4.8	5.0	7.2	7.3	10.5	12.4	14.7	14.8					
131	4.8	5.1	7.1	7.3	10.7	12.3	14.7	14.8					
133	4.8	5.2	6.9	7.2	10.8	12.1	14.7	14.9					
135	4.8	5.5	6.5	7.2	11.0	11.8	14.7	14.9					
137	4.8	7.1	14.7	15.0	15.7	15.8							
139	4.8	7.1	14.8	15.3	15.7	17.6							
141	4.8	7.0	14.8	15.3	15.6	17.8							
143	4.8	6.9	11.3	11.7	14.8	15.3	15.6	17.8					
145	4.9	6.8	10.9	12.0	14.8	15.3	15.6	17.8					
147	5.1	6.6	10.8	12.2	14.8	15.3	15.6	17.8					
149	5.4	6.3	10.7	12.3	14.8	15.3	15.6	17.8					
151	10.6	12.3	14.9	15.3	15.7	17.8							
153	10.5	12.4	15.8	17.7									
155	10.5	12.4											
157	10.4	12.5											
159	5.5	6.3	10.4	10.8	12.1	12.5							
161	5.3	6.5	10.3	10.7	12.3	12.5							
163	5.2	6.6	10.3	10.6	12.3	12.6							
165	5.1	6.7	10.3	10.5	12.3	12.6	15.7	15.8					
167	5.0	6.8	10.3	10.6	12.3	12.6	15.7	15.9					
169	4.9	6.8	10.3	10.6	12.3	12.6	15.6	17.8					
171	4.9	6.8	10.4	10.8	12.2	12.5	15.6	17.8					
173	4.8	5.3	6.1	6.9	10.4	11.2	11.8	12.5	15.6	17.8			
175	4.8	5.2	6.3	6.9	10.4	12.5	15.6	17.8					
177	4.8	5.0	6.4	6.9	10.5	12.4	15.6	17.8					
179	4.8	4.9	6.6	6.9	10.5	12.3	15.7	17.8					
181	4.8	4.9	6.6	6.9	10.6	12.3	15.8	17.7					
183	4.8	4.9	6.7	6.9	10.7	12.2	15.9	16.1					
185	4.8	4.9	6.7	6.9	10.8	12.0	15.8	16.0					

Book Folding for the Beginner and Beyond

Page No.	Measure, Mark, Cut & Fold Points												
187	4.8	5.3	6.7	6.9	11.1	11.8	15.8	15.9					
189	4.8	5.4	6.7	6.8	15.8	15.9							
191	4.8	5.4	6.7	6.8	15.7	15.9							
193	4.8	5.4	6.7	6.8	15.7	16.0							
195	4.9	5.4	6.6	6.8	15.6	17.8							
197	6.6	6.7	10.4	10.6	15.6	17.8							
199	6.5	6.6	10.4	12.4	15.6	17.8							
201	3.9	4.0	10.3	12.5	15.6	17.8							
203	3.8	4.0	10.3	12.6	15.7	17.8							
205	3.7	3.9	5.7	6.2	10.3	12.6	15.7	17.8					
207	3.6	3.9	5.3	6.4	10.3	12.6	15.8	17.8					
209	3.5	3.8	5.3	6.6	10.4	12.6	15.9	16.1					
211	3.4	3.8	5.1	6.7	10.5	12.5	15.9	16.0					
213	3.4	3.8	5.0	6.8	10.7	10.9	15.8	15.9					
215	3.3	3.8	4.9	6.8	10.7	10.8	15.8	15.9					
217	3.3	3.8	4.9	6.8	10.6	10.7	15.7	15.9					
219	3.3	3.8	4.8	5.5	5.8	6.8	10.5	10.7	15.7	15.9			
221	3.3	3.7	4.8	5.2	5.8	5.9	6.2	6.9	10.4	10.7	12.8	12.9	15.6	17.7
223	3.2	3.7	4.8	5.0	5.7	5.8	6.3	6.9	10.4	10.7	12.7	12.8	15.6	17.8
225	3.2	3.7	4.8	4.9	5.7	5.8	6.5	6.9	10.3	10.8	12.5	12.8	15.6	17.8
227	3.2	3.7	4.8	4.9	5.6	5.8	6.6	6.9	10.3	12.8	15.6	17.8		
229	3.2	3.7	4.8	4.9	5.6	5.7	6.6	6.9	10.3	12.8	15.7	17.8		
231	3.1	3.7	4.8	5.0	5.5	5.7	6.7	6.9	10.3	12.7	15.7	17.8		
233	3.1	3.7	4.8	5.6	6.7	6.9	10.4	12.6	15.8	17.8				
235	3.1	3.7	4.8	5.6	6.7	6.8	10.4	12.5	17.5	17.8				
237	3.1	3.7	4.8	5.5	6.7	6.8	10.5	12.3	17.6	17.7				
239	3.1	3.7	4.8	5.4	6.7	6.8	10.7	12.2	17.5	17.6				
241	3.1	3.7	4.8	5.4	6.7	6.8	11.3	11.6						
243	3.0	3.7	5.0	5.3	6.6	6.7								
245	3.0	3.7	6.5	6.6										
247	3.0	3.7	16.3	17.2										

Book Folding for the Beginner and Beyond

Page No.	Measure, Mark, Cut & Fold Points												
249	3.0	3.7	16.1	17.3									
251	3.0	3.7	16.0	17.5									
253	3.0	3.7	15.9	17.6									
255	3.0	3.7	15.8	17.7									
257	3.0	3.7	15.8	17.7									
259	3.0	3.7	15.8	17.8									
261	3.0	3.7	15.7	16.1	16.6	16.8	17.0	17.8					
263	3.0	3.7	15.7	15.9	16.6	16.8	17.2	17.8					
265	3.0	3.7	15.6	15.8	16.5	16.7	17.3	17.8					
267	3.0	3.8	15.6	15.8	16.5	16.6	17.4	17.8					
269	3.0	3.8	15.6	15.8	16.4	16.6	17.4	17.8					
271	3.0	3.8	15.6	15.8	16.3	16.5	17.5	17.8					
273	3.0	3.8	15.6	16.5	17.5	17.8							
275	3.0	3.8	15.6	16.4	17.5	17.8							
277	3.0	3.8	15.7	16.3	17.5	17.8							
279	3.0	3.8	15.7	16.3	17.5	17.7							
281	3.0	3.8	15.7	16.3	17.5	17.7							
283	3.0	3.8	15.8	16.2	17.4	17.6							
285	3.0	3.8	17.4	17.5									
287	2.9	3.8	17.3	17.4									
289	2.9	3.8											
291	2.9	3.8											
293	2.9	3.8											
295	2.9	3.8											
297	2.9	3.9											
299	2.9	3.9	12.1	12.3	19.3	19.8							
301	2.9	3.9	11.9	12.3	18.3	19.8							
303	2.9	3.9	11.8	12.3	12.7	17.9	18.3	19.9					
305	2.9	3.9	11.6	12.3	12.7	17.9	18.3	19.9					
307	2.9	3.9	11.4	12.3	12.7	17.9	18.3	20.0					
309	2.9	3.9	11.3	12.3	12.7	18.0	18.4	20.0					

Book Folding for the Beginner and Beyond

Page No.	Measure, Mark, Cut & Fold Points													
311	2.9	3.9	6.0	6.1	11.1	12.3	12.7	18.0	18.4	20.1				
313	2.9	3.9	5.8	6.1	10.9	12.3	12.7	18.0	18.4	20.1				
315	2.9	3.9	5.8	6.0	10.8	12.3	12.7	18.0	18.4	20.2				
317	2.2	2.4	2.9	3.9	5.7	6.0	10.6	12.3	12.7	18.0	18.4	20.2		
319	2.2	2.5	2.9	3.9	5.6	5.9	10.4	12.3	12.7	18.0	18.5	20.2		
321	2.1	2.6	2.8	3.9	5.5	5.9	10.3	12.3	12.7	18.1	18.5	20.2		
323	2.1	3.8	5.5	5.8	10.2	12.3	12.7	18.1	18.5	20.2				
325	2.1	3.8	5.4	5.8	8.4	8.5	10.3	12.3	12.7	18.1	18.5	20.2		
327	2.0	3.8	5.4	5.8	8.2	8.5	10.5	12.3	12.7	18.1	18.5	20.3		
329	2.0	3.7	5.3	5.8	8.0	8.5	10.7	12.3	12.7	18.1	18.6	20.3		
331	2.0	3.5	5.3	5.8	7.8	8.4	10.8	12.3	12.7	18.1	18.6	20.3		
333	2.0	3.3	5.3	5.8	7.6	8.4	11.0	12.3	12.7	18.2	18.6	20.3		
335	2.0	3.3	5.3	5.8	7.4	8.4	11.2	12.3	12.7	18.2	18.6	20.3		
337	2.0	3.2	5.3	5.8	7.2	8.3	8.9	10.7	11.4	12.3	12.7	18.2	18.6	20.3
339	2.0	3.2	5.3	5.8	7.0	8.3	8.9	10.8	11.6	12.3	12.7	18.2	18.6	20.3
341	2.0	3.2	5.3	5.8	6.8	8.3	8.9	11.0	11.8	12.3	12.7	18.2	18.7	20.3
343	2.0	3.2	5.3	5.8	6.6	8.3	8.9	11.2	11.9	12.3	18.7	20.3		
345	1.9	3.2	5.3	5.8	6.4	8.3	8.9	11.3	12.1	12.3	18.7	20.3		
347	1.9	3.2	5.3	5.8	6.2	8.3	8.9	11.6	18.7	20.3				
349	1.9	3.2	5.3	5.8	6.0	8.3	8.9	11.7	13.0	18.3	18.7	20.3		
351	1.9	3.2	5.3	8.3	8.9	11.8	12.7	18.3	18.7	20.3				
353	1.9	3.2	5.3	8.3	8.9	12.1	12.7	18.3	18.7	20.3				
355	1.9	3.3	5.3	8.3	8.9	12.3	12.7	13.1	17.8	18.1	18.8	20.3		
357	1.9	3.3	5.3	8.3	8.9	12.4	12.7	13.1	18.8	20.3				
359	1.9	3.3	5.2	8.3	8.9	13.1	18.8	20.3						
361	1.9	3.3	5.0	8.3	8.9	12.7	18.8	20.3						
363	1.4	8.3	8.9	12.6	18.8	20.3								
365	1.3	8.3	8.9	12.6	18.8	20.3								
367	2.1	8.3	8.9	12.6	18.8	20.3								
369	4.9	8.3	8.9	12.6	18.8	20.3								
371	5.1	8.3	8.9	12.6	18.8	20.3								

Book Folding for the Beginner and Beyond

Page No.	Measure, Mark, Cut & Fold Points												
373	5.2	8.3	8.9	12.6	18.8	20.3							
375	5.3	8.3	8.9	12.7	18.8	20.3							
377	5.3	8.3	8.9	13.2	18.8	20.3							
379	5.3	8.3	8.9	13.2	18.8	20.3							
381	5.3	8.3	8.9	13.2	18.8	20.3							
383	5.3	8.3	8.9	13.2	16.1	18.4	18.8	20.3					
385	5.3	5.9	6.2	8.3	8.9	13.2	15.8	18.4	18.8	20.3			
387	5.3	5.9	6.3	8.3	8.9	13.2	15.7	18.4	18.8	20.3			
389	5.2	5.9	6.6	8.3	8.9	13.2	15.6	18.4	18.8	20.3			
391	5.2	5.9	6.8	8.3	8.9	13.2	15.6	18.4	18.8	20.3			
393	5.2	5.9	6.9	8.3	8.9	13.2	15.5	18.4	18.8	20.3			
395	5.2	5.9	7.2	8.3	12.3	12.5	15.5	18.4	18.8	20.3			
397	5.2	5.9	7.3	8.3	12.3	12.5	13.9	14.8	15.4	18.4	18.8	20.3	
399	5.2	5.9	7.5	8.4	12.3	12.5	13.9	14.9	15.4	18.4	18.8	20.3	
401	5.2	5.9	7.8	8.4	12.3	12.5	13.9	14.9	15.4	18.4	18.8	20.3	
403	5.2	5.9	7.9	8.4	12.3	12.5	13.9	15.0	15.4	18.4	18.8	20.3	
405	5.2	6.0	8.2	8.4	12.3	12.5	13.9	14.9	15.4	18.4	18.8	20.3	
407	4.5	4.8	5.2	6.0	8.3	8.5	12.3	13.1	13.9	14.9	15.4	18.4	18.8	20.3
409	4.5	4.8	5.2	6.0	12.3	13.2	13.9	14.8	15.4	18.4	18.8	20.3	
411	4.4	6.0	13.0	13.2	13.9	14.8	15.4	18.4	18.8	20.3			
413	4.4	5.9	9.8	9.9	13.0	13.2	15.4	18.4	18.8	20.3			
415	4.4	5.9	9.5	9.9	13.0	13.2	15.5	18.4	18.8	20.3			
417	4.4	5.8	9.2	9.9	13.0	13.2	15.5	18.4	18.8	20.3			
419	4.4	5.8	8.8	9.8	13.0	13.2	15.6	18.4	18.8	20.3			
421	4.3	5.8	8.6	9.8	10.4	13.2	15.6	18.4	18.8	20.3			
423	4.3	5.8	8.3	9.8	10.4	13.2	15.7	18.4	18.8	20.3			
425	4.3	5.7	8.0	9.8	10.4	13.2	15.8	18.4	18.8	20.3			
427	4.3	5.7	7.8	9.8	10.4	13.2	18.8	20.3					
429	4.3	5.6	7.6	9.8	10.4	12.4	18.8	20.3					
431	4.3	5.6	7.4	9.8	10.4	12.4	18.8	20.3					
433	4.3	5.6	7.2	9.8	10.4	12.4	18.8	20.3					

Book Folding for the Beginner and Beyond

Page No.	Measure, Mark, Cut & Fold Points												
435	4.3	5.5	7.0	9.8	10.4	12.4	18.8	20.3					
437	4.3	5.5	6.8	9.8	10.4	12.4	18.8	20.3					
439	4.3	5.4	6.8	9.8	10.4	12.4	18.8	20.2					
441	4.1	5.4	6.4	9.8	10.4	12.4	18.7	20.2					
443	3.9	9.8	10.4	12.4	18.7	20.2							
445	3.8	9.8	10.4	12.5	18.7	20.2							
447	5.0	9.8	10.4	13.1	18.7	20.2							
449	6.7	9.8	10.4	13.1	18.7	20.2							
451	6.8	9.8	10.4	16.9	18.7	20.1							
453	6.9	9.8	10.4	12.1	12.3	18.2	18.6	20.1					
455	7.1	9.8	10.4	11.9	12.3	18.2	18.6	20.1					
457	7.3	9.8	10.4	11.8	12.3	18.1	18.6	20.1					
459	7.4	9.8	10.4	11.6	12.3	18.1	18.6	20.0					
461	7.7	9.8	10.4	11.4	16.9	18.0	18.6	20.0					
463	7.9	9.8	10.4	11.3	18.5	20.0							
465	8.2	9.8	10.4	11.1	11.8	12.0	18.5	19.9					
467	8.4	9.9	11.6	12.0	18.5	19.9							
469	8.7	9.9	11.5	12.0	12.3	18.0	18.4	19.9					
471	9.0	9.9	11.3	12.0	12.3	18.0	18.4	19.8					
473	9.3	9.9	11.2	12.0	12.3	18.0	18.4	19.8					
475	9.5	9.9	11.0	12.0	12.3	17.9	18.4	19.8					
477	9.8	9.9	10.8	12.0	12.3	17.9	18.3	19.8					
479	10.7	12.0	12.3	17.9	18.3	19.8							
481	10.5	12.0	12.3	17.8	18.3	19.8							
483	10.3	12.0	12.3	17.8	18.3	19.7							
485	10.2	12.0	12.3	17.8	18.3	19.7							
487	10.0	12.0	12.3	17.8	18.3	19.7							
489	9.8	12.0	12.3	17.8	18.2	19.6							
491	10.0	12.0	12.3	17.7	18.2	19.5							
493	10.1	12.0	12.3	17.7	18.1	19.5							
495	10.3	12.0	12.3	17.7	18.1	19.4							

Book Folding for the Beginner and Beyond

Page No.	Measure, Mark, Cut & Fold Points												
497	10.5	12.0	12.3	17.6	18.1	19.4							
499	10.7	12.0	12.3	17.6	18.0	19.3							
501	10.8	12.0	12.3	17.5	18.0	19.3							
503	10.0	10.3	11.0	12.0	12.3	17.5	18.0	19.3					
505	9.8	10.4	11.2	12.0	12.3	17.5	17.9	19.2					
507	9.9	10.6	11.3	12.0	12.3	17.4	17.9	19.2					
509	10.1	10.8	11.5	12.0	12.3	17.4	17.8	19.1					
511	10.3	11.0	11.8	12.0	12.3	17.3	17.8	19.0					
513	10.4	11.2	11.9	12.0	12.3	17.3	17.8	18.9					
515	10.6	11.3	17.8	18.8									
517	10.8	11.5	17.8	18.8									
519	10.9	11.7	17.7	18.7									
521	11.1	11.8	17.7	18.6									
523	11.3	12.0	12.3	17.1	17.6	18.5							
525	11.5	12.0	12.3	17.1	17.6	18.4							
527	11.7	12.0	17.5	18.3									
529	11.8	12.0	17.5	18.3									
531	17.4	18.2											
533	17.4	18.1											
535	17.3	18.0											
537	17.3	17.9											
539	17.3	17.8											
541	17.2	17.7											
543	17.2	17.6											
545	17.1	17.5											
547	17.1	17.3											
549	17.0	17.2											
551	17.0	17.1											

Book Folding for the Beginner and Beyond

Name:	gnome
No. of Pages:	243
Book Height (cm):	23
Method:	Cut & Fold

Book Folding for the Beginner and Beyond

Page No.	Measure, Mark, Cut & Fold Points												
1	19.3	19.8											
3	19.2	19.9											
5	16.3	17.0	18.9	20.0									
7	12.9	13.1	16.2	16.5	16.8	17.1	18.8	20.0					
9	12.8	13.1	16.0	16.4	16.9	17.1	18.4	20.1					
11	2.3	3.0	12.8	13.0	15.9	16.5	17.0	17.2	18.3	20.1			
13	2.3	3.1	12.8	13.0	15.8	16.5	17.0	17.2	18.1	20.2			
15	2.3	3.2	12.7	12.9	15.7	16.5	17.1	17.2	17.9	20.2			
17	2.2	3.3	12.6	12.9	15.6	16.6	17.1	17.3	17.7	20.2			
19	2.2	3.3	12.5	12.9	15.5	16.6	17.1	17.3	17.5	20.2			
21	2.1	3.3	12.4	12.8	15.3	15.4	15.6	16.7	17.1	17.3	17.4	20.2	
23	2.1	3.3	12.3	12.8	15.3	15.4	15.6	15.9	16.1	16.7	17.2	20.2	
25	2.1	3.3	12.3	12.8	15.2	15.5	15.6	15.9	16.1	16.7	17.2	20.2	
27	2.1	3.3	12.2	12.8	15.1	15.5	15.6	15.8	16.0	16.8	17.1	20.3	
29	2.1	3.3	12.0	12.7	14.9	15.5	15.6	15.8	15.9	16.8	17.2	20.3	
31	2.1	3.3	11.9	12.6	14.8	15.5	15.7	15.8	15.9	16.7	17.2	20.3	
33	2.1	3.3	11.8	12.5	12.7	12.8	14.6	15.5	15.8	16.5	17.2	20.3	
35	2.1	3.3	11.7	12.4	12.6	13.8	14.5	15.5	15.8	16.4	16.7	16.8	17.1	20.3
37	2.0	3.3	11.5	12.3	12.4	15.5	15.8	16.0	16.2	16.3	16.5	16.8	17.0	20.3
39	1.9	3.2	11.4	12.3	12.4	15.5	15.8	16.0	16.4	16.7	16.9	20.3	
41	1.8	3.2	11.3	12.2	12.3	15.5	15.7	16.0	16.3	16.6	16.8	20.3	
43	1.8	3.1	11.1	12.0	12.3	15.5	15.7	15.9	16.3	16.5	16.8	20.3	
45	1.7	2.3	2.4	3.0	11.0	11.9	12.1	15.5	15.6	15.9	16.0	16.5	16.7	20.3
47	1.6	2.2	10.8	11.8	12.0	15.4	15.6	15.8	16.0	16.4	16.6	17.3	17.8	20.3
49	1.6	2.2	10.7	11.7	11.9	15.4	15.5	15.8	16.0	16.4	16.6	16.8	17.9	20.3
51	1.5	2.1	10.5	11.6	11.8	15.3	15.5	15.8	15.9	16.3	16.6	16.7	18.1	20.3
53	1.4	2.1	10.3	11.5	11.8	15.3	15.4	15.8	15.9	16.3	16.8	17.8	18.2	20.3
55	1.3	2.0	10.2	11.3	11.7	15.2	15.3	15.8	15.9	16.3	16.7	17.8	18.2	20.3
57	1.3	2.0	10.0	11.3	11.6	15.1	15.3	15.8	15.9	16.3	16.6	17.7	18.0	20.3
59	1.3	2.0	9.8	11.3	11.5	12.4	13.2	15.0	15.2	15.7	15.8	16.3	16.4	17.5
	17.8	20.3												

Book Folding for the Beginner and Beyond

Page No.	Measure, Mark, Cut & Fold Points													
61	1.3	2.0	9.7	11.2	11.3	12.3	12.8	13.1	13.3	14.9	15.2	15.7	15.8	16.2
	16.3	17.4	17.6	20.3										
63	1.3	2.0	9.4	11.1	11.3	12.2	12.5	13.3	13.5	14.9	15.1	15.6	15.8	16.0
	16.3	17.3	17.5	20.3										
65	1.3	1.9	9.3	11.0	11.2	12.2	12.3	13.4	13.6	14.8	15.0	15.6	15.8	15.9
	16.1	17.3	17.4	20.3										
67	1.3	1.9	9.1	10.9	11.1	12.1	12.3	13.5	13.8	14.8	14.9	15.5	15.7	15.8
	16.0	17.3	17.4	20.3										
69	1.3	1.9	8.8	10.8	11.0	12.0	12.2	13.7	13.8	14.7	14.8	15.4	15.6	15.8
	15.9	17.3	17.4	20.3										
71	1.3	1.9	8.6	10.8	10.9	11.9	12.2	13.8	13.9	14.6	14.8	15.4	15.5	17.2
	17.3	20.3												
73	1.3	1.9	8.4	10.7	10.9	11.8	12.1	13.9	14.1	14.4	14.7	15.3	15.6	17.2
	17.3	20.3												
75	1.3	2.0	8.2	10.7	10.8	11.8	12.0	14.0	14.2	14.3	14.5	15.3	15.8	17.1
	17.3	20.3												
77	1.3	2.0	8.0	10.6	10.8	11.8	11.9	14.1	14.4	15.3	15.4	15.7	16.0	17.1
	17.3	20.3												
79	1.3	2.1	7.8	10.5	10.7	11.6	11.8	14.3	14.4	15.2	15.3	15.8	16.1	17.1
	17.2	20.3												
81	1.3	2.1	7.6	10.4	10.6	11.6	11.8	15.1	15.3	16.0	16.2	17.0	17.2	20.3
83	1.3	2.1	7.3	10.3	10.6	11.4	11.7	15.1	15.3	16.1	16.3	17.0	17.1	20.3
85	1.3	2.2	7.0	10.3	10.5	11.3	11.6	13.3	14.4	14.9	15.2	16.2	16.4	16.9
	17.1	20.3												
87	1.3	2.3	6.8	10.3	10.4	11.3	11.6	13.0	13.6	14.9	15.1	16.3	16.4	16.8
	17.0	20.3												
89	1.3	2.3	6.6	10.2	10.3	11.3	11.5	13.0	13.3	16.3	16.5	16.8	16.9	20.3
91	1.3	2.3	6.2	10.1	10.3	11.0	11.4	12.9	13.1	16.0	16.1	16.7	16.8	20.3
93	1.3	2.4	6.0	10.0	10.2	10.8	11.4	12.8	13.0	15.7	16.3	16.6	16.8	20.3
95	1.3	2.5	5.7	10.0	10.1	10.8	11.5	12.8	12.9	15.4	15.8	16.5	16.7	20.3
97	1.3	2.6	5.3	9.9	10.1	10.7	11.5	12.8	12.9	15.3	15.5	16.3	16.7	20.3

Book Folding for the Beginner and Beyond

Page No.	Measure, Mark, Cut & Fold Points												
99	1.3	2.7	5.0	9.9	10.0	10.6	11.6	12.8	12.9	15.1	15.3	16.2	16.8	20.3
101	1.3	2.8	4.7	9.9	10.0	10.6	11.6	12.7	12.8	15.0	15.2	16.1	16.3	16.4
	17.3	20.3											
103	1.3	3.3	3.9	9.9	10.0	10.6	11.7	12.6	12.8	14.9	15.1	16.1	16.2	16.8
	19.3	20.4											
105	1.3	9.9	10.0	10.2	10.4	10.6	11.7	12.6	12.8	14.8	15.0	17.5	19.3	20.4
107	1.3	9.9	10.0	10.2	10.4	10.6	11.7	12.5	12.7	14.6	15.6	18.0	18.2	18.3
	19.3	20.4											
109	1.4	9.9	10.0	10.2	10.4	10.5	11.7	12.4	12.6	14.6	14.8	15.5	15.8	18.8
	19.2	20.4											
111	1.4	9.9	10.0	10.2	10.4	10.5	11.9	12.3	12.6	14.7	14.8	15.8	16.0	18.8
	19.1	20.4											
113	1.5	9.9	10.0	10.2	10.4	10.5	11.7	11.8	12.1	12.3	12.5	14.6	14.7	15.9
	16.2	18.8	18.9	20.4									
115	1.5	9.9	10.0	10.3	10.4	10.5	11.7	12.0	12.4	14.6	14.7	16.1	16.3	18.7
	18.8	20.4											
117	1.6	9.9	10.0	10.5	11.7	12.2	12.5	14.5	14.7	16.2	16.3	18.6	18.8	20.4
119	1.6	9.9	10.0	10.5	11.7	12.3	12.6	14.5	14.6	16.3	16.4	18.4	18.7	20.4
121	1.7	9.9	10.1	10.2	10.4	10.5	11.6	12.4	12.6	14.4	14.6	16.3	16.5	18.3
	18.5	20.4											
123	1.8	10.0	10.1	10.2	10.4	10.5	11.6	12.5	12.7	14.3	14.5	16.3	16.5	18.1
	18.4	20.4											
125	1.8	10.0	10.1	10.2	10.4	10.6	11.6	12.6	12.8	14.2	14.3	15.8	16.6	17.8
	18.3	20.4											
127	1.8	10.0	10.1	10.2	10.4	10.6	11.5	12.7	12.8	14.0	14.2	15.8	16.1	17.7
	18.0	20.4											
129	1.9	10.0	10.1	10.2	10.4	10.6	11.5	12.8	12.9	13.9	14.1	15.7	16.0	17.4
	17.8	20.4											
131	2.0	10.0	10.1	10.2	10.4	10.7	11.4	12.8	13.0	13.8	14.0	15.6	16.3	17.0
	17.6	20.4											
133	2.1	10.0	10.1	10.7	11.4	12.9	13.1	13.7	13.8	15.5	15.7	16.1	17.4	20.4

Book Folding for the Beginner and Beyond

Page No.	Measure, Mark, Cut & Fold Points											
135	2.2	10.0	10.2	10.8	11.3	13.0	13.2	13.5	13.8	15.4	15.6	20.4
137	2.3	10.0	10.2	10.8	11.3	13.1	13.6	15.3	15.5	17.2	17.3	20.4
139	2.3	10.0	10.2	10.9	11.0	13.2	13.3	15.2	15.3	17.1	17.3	20.4
141	2.4	10.1	10.2	13.3	13.4	15.0	15.3	17.2	17.3	20.4		
143	2.5	10.1	10.2	13.3	13.4	14.9	15.1	17.2	17.3	20.4		
145	2.7	10.1	10.3	13.3	13.4	14.8	15.0	17.3	17.4	20.4		
147	2.8	10.2	10.3	11.1	11.2	13.3	13.5	14.7	15.0	17.3	17.5	20.4
149	2.9	10.3	10.4	11.1	11.2	13.4	13.5	14.6	14.8	14.9	15.2	17.3	17.5	20.4
151	3.0	10.3	10.5	11.1	11.2	13.4	13.5	14.5	14.7	15.1	15.3	17.4	17.6	20.4
153	3.2	10.4	10.6	11.2	11.3	13.4	13.5	14.3	14.6	15.2	15.5	17.5	17.7	20.4
155	3.3	10.5	10.8	11.3	11.4	13.4	13.5	14.1	14.3	15.4	15.9	17.5	17.7	20.4
157	3.5	10.6	10.8	11.3	11.5	13.4	13.5	13.9	14.3	14.8	14.9	15.3	16.1	17.6
157	17.8	20.4										
159	3.7	10.7	10.9	11.4	11.6	13.4	14.0	14.3	15.6	15.9	16.3	17.6	17.8	20.4
161	3.8	10.8	11.0	11.6	11.8	13.5	13.8	16.1	16.4	17.7	17.8	20.4
163	4.1	10.9	11.1	11.7	11.9	13.5	13.7	16.3	16.7	17.7	17.8	20.4
165	4.3	11.0	11.1	11.8	12.0	13.5	13.7	16.4	16.8	17.8	17.9	20.4
167	4.6	11.0	11.2	11.8	12.2	13.6	13.7	16.5	17.0	17.8	17.9	20.3
169	4.8	11.1	11.3	11.9	12.3	13.6	13.7	16.6	17.2	17.8	17.9	20.3
171	5.2	11.2	11.4	12.0	12.5	13.6	13.7	16.7	17.3	17.8	17.9	20.3
173	5.5	11.3	11.5	12.2	12.7	13.6	13.7	16.0	16.2	16.8	17.3	17.8	17.9	20.3
175	6.0	11.3	11.6	12.3	12.8	13.6	13.7	15.9	16.3	17.0	17.4	17.8	17.9	20.3
177	6.3	11.5	11.8	12.4	12.9	13.6	13.7	15.7	16.4	17.2	17.5	17.8	17.9	20.3
179	6.7	11.6	11.8	12.5	12.7	12.8	13.1	13.6	13.7	15.3	15.5	15.6	15.8	16.2
179	16.7	17.3	17.6	17.8	17.9	20.3						
181	7.2	11.7	11.9	12.6	12.7	13.0	13.2	13.6	13.7	14.9	15.8	16.4	16.8	17.4
181	17.7	17.8	17.9	20.3								
183	7.5	11.8	11.9	12.6	12.8	13.2	13.3	13.9	15.4	15.7	15.9	16.7	17.0	17.5
183	17.7	17.8	17.9	20.3								
185	8.0	11.8	12.0	12.7	12.8	13.3	13.4	14.4	14.8	15.8	16.1	16.8	17.2	17.5
185	17.8	17.9	17.9	20.3								

Page No.	Measure, Mark, Cut & Fold Points												
187	8.3	11.9	12.1	12.8	12.9	13.3	13.4	14.5	14.7	15.8	16.2	17.0	17.3	17.5
	18.0	20.3											
189	8.7	12.0	12.2	12.8	12.9	13.3	13.5	14.7	14.8	15.8	16.2	17.1	17.3	17.5
	17.7	17.8	18.0	20.3									
191	9.1	12.1	12.3	12.8	13.0	13.4	13.8	14.8	14.9	15.8	16.1	17.2	17.4	17.5
	17.7	20.3											
193	9.4	12.3	12.4	12.9	13.1	13.4	13.8	14.8	15.0	15.2	15.9	17.3	17.7	20.3
195	9.8	12.3	12.5	13.0	13.1	13.5	13.8	14.9	15.8	17.3	17.7	20.3		
197	10.2	12.4	12.6	13.0	13.1	13.7	13.8	14.9	15.4	20.3				
199	10.4	12.5	12.7	13.0	13.2	13.7	13.8	15.0	15.2	20.3				
201	10.8	12.6	12.8	13.1	13.2	13.7	13.8	15.1	15.3	20.3				
203	11.1	12.7	12.8	13.1	13.2	13.7	13.8	15.1	15.3	20.3				
205	11.3	12.8	12.9	13.0	13.3	13.7	13.8	15.2	15.3	20.3				
207	11.6	12.8	13.4	13.7	13.8	15.2	15.3	20.3						
209	11.8	12.8	13.8	15.3	15.4	20.3								
211	12.2	12.9	13.8	15.3	15.4	17.4	17.6	20.3						
213	12.3	13.0	13.9	15.3	15.4	17.3	17.7	20.3						
215	12.4	13.1	14.3	15.3	15.4	17.3	17.7	20.3						
217	12.6	13.2	14.5	15.3	15.4	17.3	17.8	20.3						
219	12.8	13.2	14.7	15.3	15.4	17.3	17.8	20.3						
221	12.9	13.3	14.8	15.3	15.4	17.2	17.8	20.2						
223	13.0	13.3	14.8	15.3	15.4	17.2	17.8	17.9	18.0	20.2				
225	13.1	13.3	15.0	15.2	15.5	17.2	17.8	17.9	18.2	20.2				
227	13.1	13.3	15.0	15.2	15.6	17.2	17.8	17.9	18.4	20.1				
229	13.3	13.4	15.8	17.1	17.7	17.8	18.6	20.1						
231	15.9	17.0	17.7	17.8	18.8	20.1								
233	16.0	17.0	17.7	17.8	19.2	20.0								
235	16.2	17.0	17.7	17.8	19.4	19.9								
237	16.3	17.0	17.6	17.8										
239	16.5	17.0	17.5	17.7										
241	16.7	17.7												

Page No.	Measure, Mark, Cut & Fold Points												
243	16.8	16.9	17.1	17.6									

Book Folding for the Beginner and Beyond

Name:	Cleaned up rose
No. of Pages:	351
Book Height (cm):	21
Method:	Cut & Fold

Book Folding for the Beginner and Beyond

Page No.	Measure, Mark, Cut & Fold Points												
1	18.8	19.0											
3	18.7	19.1											
5	18.6	19.1											
7	18.4	19.2											
9	18.3	19.2											
11	18.3	19.2											
13	18.3	19.0											
15	18.2	18.8											
17	18.1	18.7											
19	18.0	18.6											
21	18.0	18.6											
23	17.9	18.5											
25	17.8	18.4											
27	17.8	18.3											
29	17.8	18.3											
31	17.7	18.3											
33	17.6	18.2											
35	17.6	18.2											
37	17.5	18.1											
39	17.4	18.0											
41	17.3	17.9											
43	17.3	17.9											
45	17.3	17.8											
47	17.2	17.8											
49	17.1	17.7											
51	17.0	17.7											
53	17.0	17.6											
55	16.9	17.5											
57	16.8	17.4											
59	16.8	17.4											
61	16.8	17.3											

Book Folding for the Beginner and Beyond

Page No.	Measure, Mark, Cut & Fold Points												
63	16.7	17.3											
65	16.6	17.2											
67	16.5	17.1											
69	16.5	17.1											
71	16.4	17.0											
73	16.3	16.9											
75	16.3	16.8											
77	16.2	16.8											
79	16.1	16.8											
81	16.1	16.7											
83	16.0	16.6											
85	15.9	16.5											
87	15.8	16.4											
89	15.8	16.3											
91	15.7	16.3											
93	15.6	16.3											
95	15.5	16.2											
97	15.4	16.1											
99	15.3	16.0											
101	15.3	15.9											
103	15.2	15.8											
105	15.2	15.8											
107	15.1	15.7											
109	15.0	15.5											
111	14.9	15.4											
113	14.8	15.4											
115	14.8	15.4											
117	14.7	15.3											
119	14.6	15.0	15.1	15.3									
121	2.6	3.3	14.5	14.9	15.1	15.3							
123	2.6	3.3	14.3	14.8	15.1	15.3							

Book Folding for the Beginner and Beyond

Page No.	Measure, Mark, Cut & Fold Points												
125	2.7	3.4	14.3	14.8	15.1	15.3							
127	2.7	3.8	14.2	14.7	15.0	15.3							
129	2.8	3.9	14.1	14.6	15.0	15.3							
131	2.8	4.1	14.0	14.5	15.0	15.3							
133	2.9	4.2	13.9	14.4	15.0	15.3							
135	3.1	4.3	13.8	14.3	14.9	15.3							
137	2.7	2.9	3.3	4.4	13.8	14.3	14.9	15.2					
139	2.6	3.1	3.4	4.5	13.7	14.3	14.8	15.2					
141	2.7	3.3	3.6	4.6	13.6	14.2	14.8	15.1					
143	2.7	3.4	3.7	4.7	13.5	14.1	14.8	15.1					
145	2.3	2.5	2.7	3.6	3.8	4.7	13.3	14.0	14.8	15.2			
147	2.3	2.5	2.8	3.7	3.9	4.8	13.3	13.9	14.7	15.3			
149	2.3	2.5	2.8	3.8	4.1	4.8	13.2	13.8	14.6	15.4			
151	2.3	2.4	2.8	3.9	4.3	4.7	13.1	13.8	14.5	15.6			
153	2.3	2.4	2.8	4.1	5.0	6.5	13.0	13.7	14.5	14.7	15.2	15.7	
155	2.3	2.4	2.6	2.7	2.8	4.2	4.7	6.8	12.9	13.5	14.4	14.7	15.3	15.8
157	2.3	2.4	2.6	2.8	2.9	7.1	12.8	13.4	14.3	14.7	14.8	15.1	15.5	15.9
159	2.3	2.5	2.6	2.8	2.9	7.3	12.8	13.3	14.3	14.7	14.8	15.3	15.6	16.0
161	2.3	2.5	2.7	2.8	3.0	7.4	12.6	13.3	14.3	14.7	14.8	15.4	15.7	16.1
163	2.3	2.5	2.7	2.9	3.1	7.6	12.5	13.1	14.3	14.7	14.8	15.5	15.8	16.2
165	2.4	2.6	2.7	2.9	3.2	7.8	12.4	13.0	14.2	14.6	14.9	15.7	15.8	16.2
167	2.5	2.7	2.8	3.0	3.3	7.8	12.3	12.9	14.1	14.5	14.9	15.8	15.9	16.3
169	2.5	2.8	2.9	3.1	3.3	7.9	12.3	12.8	14.1	14.5	14.7	14.8	14.9	15.8
	16.0	16.3												
171	2.6	2.8	2.9	3.2	3.4	8.0	12.2	12.7	14.0	14.4	14.6	14.8	15.0	15.8
	16.0	16.3												
173	2.7	2.8	3.0	3.3	3.5	8.1	12.0	12.6	14.0	14.4	14.6	14.8	15.0	16.3
175	2.8	2.9	3.1	3.3	3.6	8.2	11.9	12.5	14.0	14.3	14.5	14.9	15.0	16.3
177	2.8	2.9	3.1	3.4	3.7	8.3	11.8	12.3	13.9	14.3	14.5	14.9	15.2	16.3
179	2.9	3.0	3.2	3.5	3.7	8.3	11.7	12.3	13.9	14.3	14.5	14.9	15.4	16.4
181	3.0	3.1	3.3	3.6	3.8	8.3	11.6	12.2	13.8	14.3	14.5	15.0	15.6	16.4

Book Folding for the Beginner and Beyond

Page No.	Measure, Mark, Cut & Fold Points												
183	2.5	3.1	3.3	3.7	3.8	8.4	11.5	12.1	13.8	14.3	14.5	15.0	15.2	15.3
	15.8	16.4												
185	2.3	3.2	3.3	3.8	3.9	8.3	11.3	12.0	13.8	14.3	14.4	15.0	15.2	15.6
	15.9	16.4												
187	2.3	3.2	3.3	3.8	4.0	5.8	6.6	8.3	11.3	11.8	13.8	14.3	14.4	15.0
	15.2	15.8	16.0	16.5										
189	2.2	3.3	3.4	3.8	4.0	5.8	6.8	8.4	11.1	11.8	13.8	14.3	14.4	15.1
	15.3	15.8	16.1	16.5										
191	2.1	3.3	3.4	3.9	4.1	6.2	7.0	8.4	10.9	11.7	13.8	14.3	14.4	15.1
	15.3	15.9	16.2	16.5										
193	1.7	1.9	2.2	3.3	3.4	3.9	4.2	6.8	7.1	8.5	10.8	11.6	13.8	14.3
	14.5	15.1	15.3	16.0	16.3	16.5								
195	1.7	2.0	2.2	3.3	3.5	4.0	4.2	6.9	7.3	8.6	10.6	11.4	13.8	14.3
	14.5	15.2	15.3	16.1	16.3	16.5								
197	1.7	2.1	2.2	3.3	3.5	4.0	4.3	7.1	7.3	8.6	10.4	11.3	13.8	14.3
	14.5	15.2	15.3	16.6										
199	1.7	2.1	2.3	3.3	3.5	4.1	4.3	7.2	7.3	8.7	10.3	11.2	13.8	14.3
	14.5	15.2	15.3	16.6										
201	1.8	2.2	2.3	3.4	3.6	4.1	4.3	7.3	7.4	8.8	10.1	11.1	13.8	14.3
	14.5	15.2	15.9	16.6										
203	1.8	2.2	2.3	3.4	3.6	4.2	4.3	7.3	7.6	9.2	9.8	10.9	13.8	14.3
	14.5	15.3	15.9	16.6										
205	1.9	2.2	2.3	3.4	3.6	4.2	4.3	7.4	7.8	10.8	13.9	14.3	14.5	15.3
	15.4	15.8	16.0	16.6										
207	2.0	2.3	2.4	3.4	3.7	4.3	4.4	7.5	8.3	10.7	13.9	14.3	14.5	15.1
	15.4	15.8	16.1	16.6										
209	1.9	2.3	2.4	3.5	3.7	4.3	4.4	7.9	8.4	10.5	13.9	14.3	14.5	15.0
	15.4	16.0	16.3	16.7										
211	1.6	2.3	2.4	3.5	3.7	4.3	4.4	8.3	8.4	10.3	13.9	14.3	14.5	15.0
	15.2	15.3	15.4	16.1	16.3	16.7								

Book Folding for the Beginner and Beyond

Page No.	Measure, Mark, Cut & Fold Points												
213	1.6	2.1	2.3	2.4	2.5	3.5	3.7	4.3	4.4	8.3	8.5	10.2	14.0	14.3
	14.5	14.9	15.1	15.3	15.5	16.2	16.3	16.7						
215	1.6	2.1	2.3	2.4	2.5	3.5	3.8	4.3	4.4	9.9	14.0	14.3	14.5	14.9
	15.1	15.3	15.5	16.3	16.4	16.7								
217	1.6	2.0	2.2	2.4	2.5	3.6	3.8	4.3	4.5	9.8	14.0	14.3	14.5	14.9
	15.1	15.4	15.5	16.3	16.4	16.7								
219	1.6	2.0	2.2	2.4	2.6	3.6	3.8	4.3	4.5	9.5	14.1	14.4	14.5	14.9
	15.1	15.4	15.6	16.4	16.5	16.7								
221	1.6	1.9	2.1	2.4	2.6	3.6	3.8	4.4	4.5	9.3	14.1	14.8	15.1	15.4
	15.6	16.7												
223	1.6	1.9	2.1	2.5	2.7	3.6	3.8	4.4	4.5	8.9	14.1	14.8	15.0	15.5
	15.6	16.7												
225	1.6	1.9	2.1	2.5	2.7	3.7	3.8	4.4	4.5	8.6	14.2	14.8	15.0	15.5
	15.8	16.7												
227	1.6	1.8	2.0	2.5	2.7	3.7	3.8	4.4	4.6	8.3	14.2	14.8	15.0	15.5
	15.9	16.7												
229	1.6	1.8	2.0	2.6	2.8	3.7	3.8	4.4	4.6	8.0	8.2	8.3	14.3	14.8
	15.0	15.6	16.1	16.7										
231	1.6	1.8	2.0	2.6	2.8	3.7	3.8	4.4	4.6	7.9	14.3	14.8	15.0	15.6
	15.8	15.9	16.3	16.7										
233	1.6	1.8	1.9	2.5	2.6	2.7	2.8	3.7	3.9	4.4	4.6	7.9	8.3	8.4
	14.3	14.8	15.0	15.6	15.8	16.0	16.3	16.7						
235	1.6	1.8	1.9	2.4	2.6	2.8	2.9	3.8	3.9	4.5	4.6	7.8	8.3	8.5
	14.3	14.8	15.0	15.7	15.8	16.2	16.4	16.7						
237	1.7	1.8	1.9	2.4	2.5	2.8	3.0	3.8	3.9	4.5	4.7	7.8	7.9	8.1
	8.2	8.3	8.4	8.5	14.4	14.8	15.0	15.7	15.8	16.3	16.5	16.7		
239	1.8	2.3	2.5	2.8	3.1	3.8	3.9	4.5	4.7	7.8	7.9	8.1	8.4	8.6
	14.5	14.8	15.0	15.7	15.8	16.3	16.5	16.6						
241	1.8	2.3	2.5	2.9	3.1	3.8	3.9	4.5	4.7	7.8	7.9	8.1	8.3	8.7
	14.6	14.8	15.0	15.6	15.9	16.4	16.5	16.6						

Book Folding for the Beginner and Beyond

Page No.	Measure, Mark, Cut & Fold Points												
243	1.8	2.3	2.5	2.9	3.1	3.8	3.9	4.6	4.7	7.7	7.8	8.1	8.3	8.8
	14.7	14.8	15.0	15.6	15.9	16.5								
245	1.8	2.3	2.5	3.0	3.2	3.8	3.9	4.6	4.8	7.6	7.8	8.0	8.3	8.8
	14.8	15.6	16.0	16.5										
247	1.8	2.3	2.5	3.0	3.2	3.8	4.0	4.6	4.8	7.5	7.8	8.0	8.3	8.8
	14.8	15.6	15.8	15.9	16.0	16.6								
249	1.8	2.4	2.5	3.0	3.2	3.9	4.1	4.7	4.8	7.4	7.6	8.0	8.2	8.3
	8.4	8.8	14.9	15.6	15.8	15.9	16.0	16.6						
251	1.8	2.4	2.6	3.0	3.2	3.9	4.3	4.7	4.8	7.3	7.5	8.0	8.2	8.3
	8.4	8.8	15.0	15.6	15.8	15.9	16.1	16.6						
253	1.8	2.4	2.6	3.0	3.2	4.0	4.9	7.1	7.4	7.9	8.3	8.8	15.1	15.6
	15.8	15.9	16.1	16.6										
255	1.8	2.4	2.6	3.0	3.2	4.2	5.1	6.8	7.3	7.9	8.1	8.2	8.3	8.8
	15.3	15.7	15.8	15.9	16.1	16.5								
257	1.8	2.5	2.7	3.0	3.2	4.3	5.5	6.5	7.1	7.8	8.0	8.2	8.3	8.8
	15.3	15.7	15.8	15.9	16.1	16.5								
259	1.8	2.5	2.7	3.0	3.2	4.2	4.4	5.1	6.9	7.8	8.0	8.2	8.3	8.8
	15.4	16.0	16.2	16.5										
261	1.8	2.5	2.7	3.0	3.2	4.2	4.3	5.3	6.6	7.8	7.9	8.1	8.3	8.7
	15.6	16.0	16.2	16.5										
263	1.8	2.5	2.7	3.0	3.2	4.1	4.3	7.8	7.9	8.1	8.2	8.7	15.7	16.1
	16.3	16.5												
265	1.8	2.5	2.7	3.0	3.2	3.9	4.2	7.7	7.8	8.0	8.2	8.6	15.8	16.5
267	1.8	2.6	2.7	3.0	3.2	3.8	4.1	7.6	7.8	7.9	8.2	8.5	16.0	16.4
269	1.8	2.6	2.8	3.0	3.2	3.8	4.0	7.5	7.8	7.9	8.1	8.5	16.1	16.4
271	1.8	2.6	2.8	3.0	3.2	3.8	3.9	7.3	7.6	7.8	8.0	8.4	16.3	16.4
273	1.9	2.6	2.8	3.0	3.1	3.8	3.9	7.3	7.5	7.8	8.0	8.3	16.3	16.4
275	2.0	2.7	2.8	3.0	3.1	3.8	4.0	7.8	7.9	8.3				
277	2.0	2.7	2.8	2.9	3.1	3.8	4.0	7.7	7.8	8.3				
279	2.1	2.7	2.8	2.9	3.0	3.8	4.1	7.6	7.8	8.2				
281	2.1	2.7	2.8	2.9	3.0	3.8	4.1	7.6	7.8	8.1				

Book Folding for the Beginner and Beyond

Page No.	Measure, Mark, Cut & Fold Points												
283	2.2	2.7	2.9	3.8	4.1	7.5	7.7	8.0					
285	2.2	2.7	2.8	3.8	4.2	7.3	7.7	7.9					
287	2.2	2.7	2.8	3.8	4.2	7.0	7.6	7.9					
289	2.2	2.6	2.8	3.9	4.0	4.1	4.3	6.7	7.5	7.8			
291	2.3	2.6	2.9	3.9	4.0	4.1	4.3	6.4	7.5	7.7			
293	2.3	2.5	2.7	2.8	3.1	3.9	4.3	6.3	7.4	7.6			
295	2.3	2.5	2.7	2.9	3.2	3.9	4.1	4.2	4.3	6.1	7.4	7.5	
297	2.3	2.4	2.8	3.1	3.3	3.9	4.1	4.2	4.3	5.8	7.3	7.4	
299	2.3	2.4	2.8	3.2	3.3	4.0	4.1	4.2	4.3	5.7			
301	2.8	3.2	3.4	4.0	4.1	4.3	4.4	5.5					
303	2.8	3.2	3.5	3.9	4.2	4.3	4.4	5.3					
305	2.9	3.2	3.7	3.8	4.2	4.3	4.4	5.2					
307	2.9	3.1	3.9	4.0	4.2	4.3	4.4	5.0					
309	3.8	4.0	4.2	4.3	4.5	4.9							
311	3.8	4.0	4.2	4.3	4.5	4.8							
313	3.8	4.0	4.2	4.3	4.5	4.8							
315	3.8	4.0	4.2	4.3	4.5	4.7							
317	3.8	4.0	4.2	4.4									
319	3.9	4.0	4.2	4.4									
321	3.9	4.0	4.1	4.4									
323	4.1	4.4											
325	4.1	4.5											
327	4.0	4.5											
329	4.0	4.5											
331	4.0	4.5											
333	3.9	4.5											
335	3.8	4.4											
337	3.8	4.3											
339	3.8	4.3											
341	3.7	4.3											
343	3.6	4.3											

Page No.	Measure, Mark, Cut & Fold Points												
345	3.6	4.3											
347	3.6	4.3											
349	3.6	4.2											
351	3.7	4.1											

Chapter 4
Combi Technique

Step 1	Gather materials -Hardcover book -Ruler in cm -Scissors -Pencil with eraser -Bone folder-helpful, not essential -Piece of cardstock -Rubberband-to hold pages back -Pattern	
Step 2	Calculate starting page number.	Total number of pages in book — Number of pages in pattern = Pattern difference Pattern difference ÷ 2 = The starting page number 541 -425 116 $116 \div 2 = 58$ Begin on page 59 (must be odd)
Step 3	Measure and mark from the top of the page using the measurements from the pattern.	

Book Folding for the Beginner and Beyond

Step 4	Fold the top and bottom marks only at 45-degree angles.	
Step 5	Cut in 1 cm at the remaining marks. Use a piece of cardstock to form a template that is 1 cm shorter than the page. Or Use a permanent marker to mark 1 cm on the scissors. Cut until this point.	
Step 6	Fold every other tab leaving the folded area alone. Begin by folding in the first tab, the third, fifth, etc….	

Name:	peace sign
No. of Pages:	367
Book Height (cm):	22.5
Method:	Combi Cut & Fold

Book Folding for the Beginner and Beyond

Page No.	Fold	Cut Points												Fold
1	10.0	No Cuts												11.3
3	9.3	No Cuts												12.1
5	8.8	No Cuts												12.6
7	8.3	No Cuts												12.9
9	8.0	No Cuts												13.3
11	7.8	No Cuts												13.6
13	7.5	No Cuts												13.8
15	7.3	No Cuts												14.0
17	7.0	No Cuts												14.3
19	6.8	No Cuts												14.4
21	6.7	No Cuts												14.7
23	6.5	No Cuts												14.8
25	6.3	No Cuts												15.0
27	6.2	No Cuts												15.2
29	6.0	No Cuts												15.3
31	5.8	No Cuts												15.4
33	5.7	No Cuts												15.6
35	5.6	No Cuts												15.8
37	5.4	No Cuts												15.8
39	5.3	No Cuts												16.0
41	5.2	No Cuts												16.1
43	5.1	No Cuts												16.3
45	5.0	9.5	11.7											16.3
47	4.8	9.0	12.2											16.4
49	4.8	8.7	12.5											16.5
51	4.7	8.4	12.8											16.7
53	4.6	8.2	13.1											16.8
55	4.4	7.9	13.3											16.8
57	4.3	7.8	13.5											16.9
59	4.3	7.5	13.7											17.0
61	4.2	7.3	13.9											17.1
63	4.1	7.2	14.1											17.2

Book Folding for the Beginner and Beyond

Page No.	Fold	Cut Points											Fold
65	4.0	7.0	14.2										17.3
67	3.9	6.9	14.3										17.3
69	3.8	6.8	14.5										17.4
71	3.8	6.6	14.6										17.5
73	3.8	6.5	14.5										17.6
75	3.7	6.3	14.4										17.7
77	3.6	6.3	14.3										17.8
79	3.5	6.2	14.2										17.8
81	3.4	6.1	14.1										17.8
83	3.3	6.0	14.0										17.9
85	3.3	5.8	13.9										18.0
87	3.3	5.8	13.8										18.0
89	3.2	5.7	13.8										18.1
91	3.2	5.6	13.7										18.2
93	3.1	5.5	13.5										18.2
95	3.0	5.4	13.4										18.3
97	3.0	5.3	13.3										18.3
99	2.9	5.3	13.3										18.3
101	2.8	5.2	13.2	15.9	16.0								18.4
103	2.8	5.2	13.1	15.8	16.1								18.5
105	2.8	5.1	13.0	15.8	16.2								18.5
107	2.8	5.0	12.9	15.7	16.3								18.6
109	2.7	4.9	12.8	15.6	16.3								18.6
111	2.7	4.9	12.7	15.5	16.3								18.7
113	2.6	4.8	12.6	15.3	16.4								18.7
115	2.6	4.8	12.5	15.3	16.5								18.8
117	2.5	4.8	12.4	15.2	16.5								18.8
119	2.5	4.7	12.3	15.1	16.6								18.8
121	2.5	4.7	12.3	15.0	16.6								18.8
123	2.4	4.6	12.1	14.9	16.7								18.8
125	2.4	4.5	12.0	14.8	16.7								18.9

Book Folding for the Beginner and Beyond

Page No.	Fold	Cut Points											Fold
127	2.3	4.5	11.9	14.7	16.8								18.9
129	2.3	4.4	11.8	14.6	16.8								18.9
131	2.3	4.4	11.8	14.5	16.8								19.0
133	2.3	4.4	11.7	14.4	16.8								19.0
135	2.3	4.3	11.6	14.3	16.9								19.0
137	2.3	4.3	11.4	14.3	16.9								19.1
139	2.2	4.3	11.3	14.1	17.0								19.1
141	2.2	4.3	11.3	14.0	17.0								19.1
143	2.2	4.3	11.2	13.9	17.0								19.2
145	2.2	4.2	11.1	13.8	17.1								19.2
147	2.1	4.2	11.0	13.8	17.1								19.2
149	2.1	4.2	10.9	13.7	17.1								19.2
151	2.1	4.1	10.8	13.6	17.2								19.3
153	2.1	4.1	10.7	13.4	17.2								19.3
155	2.1	4.1	10.6	13.3	17.2								19.3
157	2.0	4.1	10.5	13.3	17.2								19.3
159	2.0	4.0	10.4	13.2	17.3								19.3
161	2.0	4.0	10.3	13.1	17.3								19.3
163	2.0	4.1	10.2	13.1	17.2								19.3
165	2.0	No Cuts											19.3
167	2.0	No Cuts											19.3
169	2.0	No Cuts											19.3
171	2.0	No Cuts											19.3
173	1.9	No Cuts											19.3
175	1.9	No Cuts											19.3
177	1.9	No Cuts											19.3
179	1.9	No Cuts											19.3
181	1.9	No Cuts											19.3
183	1.9	No Cuts											19.3
185	1.9	No Cuts											19.3
187	1.9	No Cuts											19.3

Book Folding for the Beginner and Beyond

Page No.	Fold	Cut Points											Fold
189	1.9	No Cuts											19.3
191	1.9	No Cuts											19.3
193	1.9	No Cuts											19.3
195	1.9	No Cuts											19.3
197	1.9	No Cuts											19.3
199	2.0	No Cuts											19.3
201	2.0	No Cuts											19.3
203	2.0	No Cuts											19.3
205	2.0	4.0	10.3	13.1	17.3								19.3
207	2.0	4.0	10.3	13.1	17.3								19.3
209	2.0	4.0	10.4	13.3	17.2								19.3
211	2.0	4.1	10.5	13.3	17.2								19.3
213	2.1	4.1	10.6	13.4	17.2								19.3
215	2.1	4.1	10.8	13.5	17.2								19.3
217	2.1	4.1	10.8	13.6	17.2								19.3
219	2.1	4.2	10.9	13.7	17.1								19.2
221	2.1	4.2	11.0	13.8	17.1								19.2
223	2.2	4.2	11.1	13.8	17.1								19.2
225	2.2	4.3	11.2	13.9	17.0								19.2
227	2.2	4.3	11.3	14.1	17.0								19.1
229	2.2	4.3	11.4	14.2	17.0								19.1
231	2.3	4.3	11.5	14.3	16.9								19.1
233	2.3	4.3	11.6	14.3	16.9								19.0
235	2.3	4.4	11.7	14.4	16.8								19.0
237	2.3	4.4	11.8	14.6	16.8								19.0
239	2.3	4.5	11.8	14.7	16.8								18.9
241	2.3	4.5	11.9	14.8	16.8								18.9
243	2.4	4.6	12.1	14.8	16.7								18.9
245	2.4	4.6	12.2	14.9	16.7								18.8
247	2.5	4.7	12.3	15.0	16.6								18.8
249	2.5	4.7	12.3	15.1	16.6								18.8

Book Folding for the Beginner and Beyond

Page No.	Fold	Cut Points											Fold
251	2.5	4.8	12.4	15.3	16.5								18.8
253	2.6	4.8	12.5	15.3	16.4								18.8
255	2.6	4.8	12.6	15.4	16.4								18.7
257	2.7	4.9	12.8	15.5	16.3								18.7
259	2.7	5.0	12.8	15.6	16.3								18.6
261	2.8	5.0	12.9	15.7	16.2								18.6
263	2.8	5.1	13.0	15.8	16.2								18.5
265	2.8	5.2	13.1	15.9	16.1								18.5
267	2.9	5.3	13.2										18.4
269	2.9	5.3	13.3										18.3
271	3.0	5.4	13.4										18.3
273	3.0	5.4	13.5										18.3
275	3.1	5.5	13.6										18.3
277	3.2	5.6	13.7										18.2
279	3.2	5.7	13.8										18.1
281	3.3	5.8	13.8										18.0
283	3.3	5.9	13.9										18.0
285	3.3	6.0	14.1										17.9
287	3.4	6.1	14.2										17.8
289	3.5	6.2	14.3										17.8
291	3.6	6.3	14.3										17.8
293	3.7	6.4	14.4										17.7
295	3.8	6.5	14.5										17.6
297	3.8	6.7	14.6										17.5
299	3.8	6.8	14.4										17.4
301	3.9	6.9	14.3										17.3
303	4.0	7.1	14.2										17.3
305	4.1	7.3	14.0										17.2
307	4.2	7.4	13.8										17.1
309	4.3	7.6	13.7										17.0
311	4.3	7.8	13.4										16.9

Book Folding for the Beginner and Beyond

Page No.	Fold	Cut Points											Fold
313	4.4	8.0	13.3										16.8
315	4.6	8.3	13.0										16.8
317	4.7	8.5	12.8										16.7
319	4.8	8.8	12.4										16.6
321	4.8	9.2	12.1										16.4
323	5.0	9.7	11.6										16.3
325	5.1	No Cuts											16.3
327	5.2	No Cuts											16.1
329	5.3	No Cuts											16.0
331	5.4	No Cuts											15.8
333	5.6	No Cuts											15.8
335	5.7	No Cuts											15.6
337	5.8	No Cuts											15.4
339	6.0	No Cuts											15.3
341	6.2	No Cuts											15.2
343	6.3	No Cuts											15.0
345	6.5	No Cuts											14.8
347	6.7	No Cuts											14.7
349	6.8	No Cuts											14.5
351	7.0	No Cuts											14.3
353	7.3	No Cuts											14.1
355	7.5	No Cuts											13.8
357	7.8	No Cuts											13.6
359	8.0	No Cuts											13.3
361	8.3	No Cuts											12.9
363	8.8	No Cuts											12.6
365	9.2	No Cuts											12.1
367	10.0	No Cuts											11.3

Book Folding for the Beginner and Beyond

Name:	Love combi
No. of Pages:	385
Book Height (cm):	21
Method:	Combi Cut & Fold

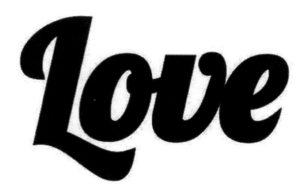

Book Folding for the Beginner and Beyond

Page No.	Fold	Cut Points											Fold
1	8.1	No Cuts											8.9
3	7.7	No Cuts											9.3
5	7.3	No Cuts											9.5
7	7.2	No Cuts											9.7
9	7.0	No Cuts											9.8
11	6.8	No Cuts											9.8
13	6.7	No Cuts											9.9
15	6.5	No Cuts											9.9
17	6.4	No Cuts											10.0
19	6.3	No Cuts											10.0
21	6.2	10.0	15.1										15.7
23	6.1	10.0	14.6										15.7
25	6.0	10.1	14.0										15.7
27	5.9	10.1	13.5										15.6
29	5.8	10.1	12.9										15.6
31	5.8	10.1	12.4										15.6
33	5.7	8.3	9.4	10.1	11.8								15.6
35	5.6	7.8	9.8	10.1	11.3								15.6
37	5.5	7.5	10.8										15.7
39	5.4	7.3	10.3										15.7
41	5.4	7.1	9.8										15.7
43	5.3	6.9	9.2										15.8
45	5.3	6.8	8.7										15.8
47	5.2	6.7	8.1										15.8
49	5.2	6.6	7.6										15.8
51	5.1	6.4	7.1										15.9
53	5.1	6.4	6.5										15.9
55	5.0	No Cuts											16.0
57	5.0	No Cuts											16.1
59	4.9	No Cuts											16.1
61	4.9	No Cuts											16.2

Book Folding for the Beginner and Beyond

Page No.	Fold	Cut Points											Fold
63	4.8	No Cuts											16.3
65	4.8	No Cuts											16.3
67	4.8	No Cuts											16.4
69	4.8	14.0	14.6										16.5
71	4.8	13.5	14.6										16.6
73	4.8	12.9	14.7										16.7
75	4.8	12.4	14.8										16.8
77	4.7	11.8	14.8										16.8
79	4.7	11.3	14.8										16.9
81	4.7	10.8	14.9										17.0
83	4.7	10.3	14.9										17.1
85	4.7	9.8	15.0										17.2
87	4.7	9.2	11.8	13.8	15.1								17.3
89	4.7	8.7	11.3	14.2	15.1								17.3
91	4.7	8.1	10.9	14.3	15.2								17.4
93	4.7	7.6	10.6	14.5	15.3								17.6
95	4.7	7.0	10.3	14.7	15.3								17.7
97	4.7	6.5	10.1	14.8	15.3								17.8
99	4.7	5.9	9.8	14.8	15.4								17.8
101	4.7	5.4	9.7	14.9	15.5								17.9
103	4.8	4.9	9.5	15.0	15.5								18.0
105	9.3	15.1	15.6										18.0
107	9.2	15.2	15.7										18.1
109	9.1	15.2	15.8										18.2
111	8.9	15.3	15.8										18.3
113	8.8	15.3	15.8										18.3
115	8.7	15.3	15.8										18.4
117	8.6	15.3	15.9										18.4
119	8.5	15.3	16.0										18.5
121	8.4	15.3	16.0										18.6
123	8.3	15.3	16.1										18.6

Book Folding for the Beginner and Beyond

Page No.	Fold	Cut Points											Fold
125	8.3	15.3	16.1										18.6
127	8.2	15.3	16.1										18.7
129	8.1	15.3	16.2										18.7
131	8.1	12.2	13.3	15.3	16.2								18.7
133	8.0	11.5	13.5	15.3	16.2								18.7
135	8.0	11.1	13.6	15.3	16.2								18.7
137	7.9	10.8	13.6	15.3	16.2								18.7
139	7.9	10.5	13.5	15.3	16.3								18.7
141	7.9	10.2	13.5	15.3	16.3								18.7
143	7.8	10.0	13.4	15.3	16.3								18.7
145	7.8	9.8	13.3	15.2	16.2								18.6
147	7.8	9.6	13.2	15.2	16.2								18.5
149	7.8	9.5	12.9	15.1	16.2								18.5
151	7.8	9.3	12.8	15.0	16.2								18.3
153	7.8	9.3	12.5	15.0	16.1								18.3
155	7.8	9.3	9.8	11.0	12.2	14.9	16.1						18.1
157	7.8	9.2	9.7	11.2	11.8	14.8	16.0						17.9
159	7.8	9.3	9.6	11.3	11.4	14.8	16.0						17.7
161	7.8	14.7	15.9										17.4
163	7.8	14.5	15.9										17.0
165	7.8	14.4	15.8										16.4
167	7.9	No Cuts											14.3
169	7.9	No Cuts											14.2
171	8.0	No Cuts											14.0
173	8.0	No Cuts											13.8
175	8.1	No Cuts											13.7
177	8.2	No Cuts											13.5
179	8.3	No Cuts											13.3
181	8.4	No Cuts											13.0
183	8.6	No Cuts											12.8
185	8.8	No Cuts											12.4

Book Folding for the Beginner and Beyond

Page No.	Fold	Cut Points										Fold
187	9.1	No Cuts										11.9
189	9.5	No Cuts										11.3
191	10.0	11.2	12.9									14.1
193	10.0	11.2	12.3									14.4
195	9.9	11.2	11.8									14.6
197	9.9	11.2	11.3									14.8
199	9.9	No Cuts										14.9
201	9.8	No Cuts										15.0
203	9.6	No Cuts										15.1
205	9.1	No Cuts										15.2
207	8.5	No Cuts										15.2
209	8.0	No Cuts										15.3
211	7.9	No Cuts										15.3
213	7.9	No Cuts										15.3
215	7.9	No Cuts										15.3
217	7.9	No Cuts										15.3
219	7.9	No Cuts										15.3
221	7.9	No Cuts										15.3
223	7.9	No Cuts										15.4
225	7.9	No Cuts										15.4
227	7.9	No Cuts										15.4
229	7.9	No Cuts										15.3
231	7.9	No Cuts										15.3
233	7.9	No Cuts										15.3
235	7.9	12.9	13.4									15.3
237	7.9	12.3	13.5									15.3
239	7.9	11.8	13.5									15.3
241	7.9	11.3	13.4									15.3
243	7.9	10.8	13.4									15.2
245	7.9	10.2	13.3									15.2
247	7.9	9.6	13.3									15.1
249	7.9	9.1	13.1									15.1

Book Folding for the Beginner and Beyond

Page No.	Fold	Cut Points											Fold
251	7.9	8.5	13.0										15.0
253	12.8	No Cuts											14.9
255	12.7	No Cuts											14.8
257	8.6	8.8	12.5										14.8
259	8.2	9.2	12.3										14.7
261	8.0	9.4	12.0										14.6
263	7.9	9.5	11.8										14.4
265	7.8	9.6	11.5										14.3
267	7.8	9.7	11.1										14.2
269	7.8	9.7	10.8										14.1
271	7.7	9.7	10.4										13.9
273	7.7	9.7	10.0										13.8
275	7.7	No Cuts											13.6
277	7.7	No Cuts											13.3
279	7.7	No Cuts											13.2
281	7.7	No Cuts											12.9
283	7.7	No Cuts											12.8
285	7.8	No Cuts											12.4
287	7.8	12.3	12.5										13.3
289	7.9	No Cuts											13.9
291	8.0	No Cuts											14.3
293	8.3	No Cuts											14.4
295	8.6	10.2	10.4										14.6
297	10.3	No Cuts											14.8
299	10.0	No Cuts											14.8
301	9.8	No Cuts											14.9
303	9.6	No Cuts											15.0
305	9.4	No Cuts											15.1
307	9.3	No Cuts											15.2
309	9.1	No Cuts											15.2
311	9.0	No Cuts											15.3
313	8.8	No Cuts											15.3

Book Folding for the Beginner and Beyond

Page No.	Fold	Cut Points												Fold
315	8.8	No Cuts												15.3
317	8.6	No Cuts												15.3
319	8.5	No Cuts												15.3
321	8.4	No Cuts												15.3
323	8.3	No Cuts												15.3
325	8.3	No Cuts												15.4
327	8.2	No Cuts												15.4
329	8.2	No Cuts												15.4
331	8.1	No Cuts												15.4
333	8.0	12.5	13.3											15.3
335	8.0	12.5	13.4											15.3
337	7.9	10.8	11.3	12.5	13.5									15.3
339	7.9	10.6	11.2	12.5	13.5									15.3
341	7.9	10.3	11.1	12.4	13.5									15.3
343	7.8	10.1	11.0	12.4	13.5									15.3
345	7.8	9.8	10.9	12.3	13.5									15.2
347	7.8	9.7	10.8	12.3	13.5									15.2
349	7.8	9.4	10.8	12.3	13.4									15.1
351	7.8	9.3	10.6	12.3	13.4									15.0
353	7.8	9.2	10.4	12.2	13.3									14.9
355	7.8	9.2	10.2	12.1	13.3									14.8
357	7.8	9.1	9.9	12.1	13.3									14.8
359	7.8	12.0	13.2											14.7
361	7.8	11.9	13.1											14.5
363	7.8	11.8	13.0											14.3
365	7.8	11.8	12.9											14.2
367	7.8	11.7	12.8											14.0
369	7.9	11.6	12.7											13.8
371	7.9	11.4	12.6											13.5
373	8.0	11.3	12.5											13.2
375	8.1	11.2	12.4											12.8

Page No.	Fold	Cut Points	Fold
377	8.2	No Cuts	11.0
379	8.3	No Cuts	10.8
381	8.3	No Cuts	10.7
383	8.5	No Cuts	10.4
385	8.8	No Cuts	10.0

Book Folding for the Beginner and Beyond

Chapter 5
180 Fold with Cardstock Tutorial

Step 1	Gather materials: • Hardcover book • Ruler in cm • Scissors • Pencil with eraser • Bone folder-helpful, not essential • Piece of cardstock • Rubber Band-to hold pages back • Metal from hanging folder • Pattern • Glue	
Step 2	Calculate starting page number.	Total number of pages in book 541 − Number of pages in pattern −425 = Pattern difference 116 Pattern difference ÷ 2 = 116 ÷ 2 = 58 The starting page number Begin on page 59 (must be odd)
Step 3	Fold the edge of each page over the metal from the hanging folder, and then crease.	

Book Folding for the Beginner and Beyond

Step 4	Mark pattern on the folded edge.	
Step 5	Cut in 1 cm at each mark.	
Step 6	Fold every other tab. Begin by folding in the first tab, the third, fifth, etc....	
Step 7	Add colored card stock as desired. Make sure the cardstock is solid core. The color must show through on the side of the cardstock. Glue each piece in place.	

Book Folding for the Beginner and Beyond

Name:	Pips
No. of Pages:	275
Book Height (cm):	21
Method:	Cut & Fold

Book Folding for the Beginner and Beyond

Page No.	Measure, Mark, Cut & Fold Points												
1	6.6	7.5											
3	6.1	7.8	15.2	15.3									
5	5.8	8.0	15.0	15.5									
7	5.7	8.1	14.9	15.6									
9	5.4	8.2	14.8	15.7									
11	5.3	8.3	14.8	15.8									
13	5.2	8.3	14.6	15.9									
15	5.0	8.4	14.5	16.0									
17	4.8	8.4	14.3	16.0									
19	4.7	8.5	14.3	16.3									
21	4.6	8.5	14.2	16.3									
23	4.3	8.5	14.1	16.4									
25	4.3	8.5	13.9	16.6									
27	4.1	8.5	13.8	16.7									
29	4.0	8.5	13.7	16.8									
31	3.8	8.5	13.6	17.0									
33	3.7	8.5	13.3	17.2									
35	3.6	8.4	13.3	17.3									
37	3.4	8.4	13.1	17.4									
39	3.3	8.3	12.9	17.6									
41	3.1	8.3	9.5	9.8	12.8	17.7							
43	2.9	8.3	9.4	9.8	12.7	17.9							
45	2.8	8.1	9.3	9.8	12.4	18.1							
47	2.6	7.9	9.0	9.8	12.3	18.3							
49	2.4	7.7	8.7	9.8	12.1	18.4							
51	2.3	7.3	8.4	9.8	11.9	18.6							
53	2.0	7.3	7.8	9.8	11.8	18.8							
55	1.8	9.8	11.5	19.1									
57	1.7	9.8	11.3	19.2									
59	1.5	9.8	11.3	19.2									
61	1.6	9.8	11.3	19.1									

Book Folding for the Beginner and Beyond

Page No.	Measure, Mark, Cut & Fold Points												
63	1.8	9.8	11.5	18.9									
65	2.0	7.3	7.4	9.8	11.7	18.8							
67	2.2	7.3	8.3	9.8	11.8	18.7							
69	2.4	7.6	8.7	9.8	12.0	18.5							
71	2.5	7.8	9.0	9.8	12.3	18.3							
73	2.8	8.0	9.3	9.8	12.4	18.1							
75	2.9	8.1	9.4	9.8	12.6	17.9							
77	3.1	8.3	9.5	9.8	12.8	17.8							
79	3.2	8.3	12.9	17.6									
81	3.3	8.4	13.1	17.5									
83	3.6	8.4	13.3	17.3									
85	3.7	8.5	13.3	17.2									
87	3.8	8.5	13.5	17.0									
89	3.9	8.5	13.7	16.9									
91	4.1	8.5	13.8	16.8									
93	4.3	8.5	13.9	16.6									
95	4.3	8.5	14.0	16.5									
97	4.5	8.5	14.2	16.3									
99	4.7	8.5	14.3	16.3									
101	4.8	8.4	14.3	16.2									
103	4.9	8.4	14.4	16.1									
105	5.1	8.3	14.6	15.9									
107	5.3	8.3	14.7	15.8									
109	5.4	8.2	14.8	15.8									
111	5.6	8.1	14.9	15.7									
113	5.8	8.0	15.0	15.5									
115	6.1	7.8	15.1	15.3									
117	6.4	7.6											
119	Skip												
121	Skip												
123	Skip												

Book Folding for the Beginner and Beyond

Page No.	Measure, Mark, Cut & Fold Points												
125	Skip												
127	Skip												
129	Skip												
131	Skip												
133	15.3	16.1											
135	14.9	16.4											
137	14.8	16.7											
139	3.5	4.2	14.6	16.8									
141	3.3	4.5	14.5	16.9									
143	2.9	4.8	14.4	17.0									
145	2.8	5.1	14.3	17.1									
147	2.6	5.3	14.3	17.2									
149	2.4	5.5	14.2	17.3									
151	2.3	5.7	14.1	17.3									
153	2.3	5.8	14.1	17.3									
155	2.2	6.0	14.0	17.4									
157	2.1	6.2	14.0	17.4									
159	2.1	6.3	14.0	17.4									
161	2.0	6.5	14.0	17.5									
163	1.9	6.7	13.9	17.5									
165	1.9	6.8	13.9	17.5									
167	1.9	6.9	13.9	17.5									
169	1.9	7.2	12.4	13.2	13.9	17.5							
171	1.9	7.3	12.1	13.4	14.0	17.5							
173	1.9	7.4	11.9	13.7	14.0	17.4							
175	1.9	7.6	11.8	13.8	14.0	17.4							
177	1.9	7.8	11.7	13.8	14.0	17.4							
179	1.9	7.8	11.5	14.0	14.1	17.3							
181	1.9	8.1	11.4	14.1	14.2	17.3							
183	1.9	8.2	11.4	17.3									
185	1.9	8.3	11.3	17.2	18.8	19.0							

Book Folding for the Beginner and Beyond

Page No.	Measure, Mark, Cut & Fold Points												
187	2.0	8.5	11.3	17.1	18.6	19.0							
189	2.1	8.7	11.2	16.9	18.4	19.0							
191	2.1	8.8	11.2	16.8	18.2	19.0							
193	2.2	9.0	11.2	16.8	17.9	19.0							
195	2.3	9.2	11.1	16.5	17.6	19.0							
197	2.4	9.3	11.1	16.7	16.8	19.0							
199	2.6	9.5	11.1	19.0									
201	2.9	9.6	11.1	19.0									
203	3.2	9.7	11.1	19.0									
205	3.3	9.7	11.1	19.0									
207	3.0	9.6	11.1	19.0									
209	2.6	9.4	11.1	19.1									
211	2.4	9.3	11.1	16.5	17.0	19.0							
213	2.3	9.1	11.1	16.6	17.6	19.0							
215	2.3	9.0	11.2	16.8	17.9	19.0							
217	2.1	8.8	11.2	16.8	18.3	19.0							
219	2.0	8.6	11.2	17.0	18.4	19.0							
221	1.9	8.5	11.3	17.1	18.6	19.0							
223	1.9	8.3	11.3	17.2	18.8	19.0							
225	1.9	8.2	11.4	17.3									
227	1.9	8.0	11.5	14.0	14.1	17.3							
229	1.9	7.8	11.5	13.9	14.1	17.3							
231	1.9	7.7	11.7	13.8	14.0	17.4							
233	1.9	7.5	11.8	13.7	14.0	17.4							
235	1.9	7.3	12.0	13.6	14.0	17.5							
237	1.9	7.3	12.2	13.3	14.0	17.5							
239	1.9	7.1	12.6	12.9	13.9	17.5							
241	1.9	6.9	13.9	17.5									
243	1.9	6.8	13.9	17.5									
245	1.9	6.6	13.9	17.5									
247	2.0	6.4	14.0	17.5									

Book Folding for the Beginner and Beyond

Page No.	Measure, Mark, Cut & Fold Points													
249	2.1	6.3	14.0	17.4										
251	2.1	6.1	14.0	17.4										
253	2.2	6.0	14.0	17.4										
255	2.3	5.8	14.1	17.3										
257	2.4	5.7	14.2	17.3										
259	2.5	5.5	14.2	17.3										
261	2.6	5.3	14.3	17.2										
263	2.8	5.1	14.3	17.1										
265	3.1	4.8	14.4	17.0										
267	3.2	4.5	14.5	16.9										
269	14.6	16.8												
271	14.8	16.6												
273	15.0	16.4												
275	15.3	16.1												

Book Folding for the Beginner and Beyond

Name:	Butterfly 180 color
No. of Pages:	421
Book Height (cm):	22
Method:	Cut & Fold

Page No.	Measure, Mark, Cut & Fold Points												
1	6.9	7.6											
3	6.8	7.8											
5	6.6	7.9											
7	6.5	8.0											
9	6.4	8.2											
11	6.4	8.3											
13	6.3	8.3											
15	6.3	8.4											
17	6.3	8.5											
19	6.3	8.6											
21	6.2	8.8											
23	6.2	8.8											
25	6.2	8.9											
27	6.1	9.0											
29	6.1	9.1											
31	6.1	9.3											
33	6.1	9.3											
35	6.1	9.5											
37	6.0	9.6											
39	6.0	9.8											
41	6.0	9.8											
43	6.0	10.0											
45	6.0	10.2											
47	6.0	10.4											
49	6.0	10.6											
51	6.0	10.8											
53	6.0	10.9											
55	6.0	11.1											
57	6.0	11.3											
59	6.0	11.5											
61	6.0	11.6											

Book Folding for the Beginner and Beyond

Page No.	Measure, Mark, Cut & Fold Points												
63	6.0	11.7											
65	6.0	11.8											
67	6.0	12.0											
69	6.0	12.1											
71	6.1	12.2											
73	6.1	12.3											
75	6.1	12.3											
77	6.1	12.4											
79	6.1	12.5											
81	6.1	12.5											
83	6.1	7.9	8.0	12.5									
85	6.2	7.8	8.0	12.6									
87	6.2	7.8	7.9	8.2	8.3	12.6							
89	6.2	7.7	7.9	8.1	8.3	12.6							
91	6.2	7.7	7.9	8.1	8.3	10.5	10.6	12.6					
93	6.2	7.6	7.8	8.1	8.3	8.8	8.9	10.4	10.5	12.6			
95	6.3	7.6	7.8	8.0	8.3	8.5	8.6	8.8	8.9	10.3	10.5	12.6	
97	6.3	7.5	7.8	8.0	8.3	8.4	8.6	8.7	8.9	9.6	9.7	10.3	10.4	12.6
99	6.3	7.5	7.8	8.0	8.9	9.0	9.1	9.5	9.7	10.2	10.4	12.5	
101	6.3	7.5	8.6	8.7	9.1	9.4	9.6	10.1	10.4	12.5	13.8	14.2	
103	6.3	6.9	7.0	7.4	8.6	8.7	9.1	9.3	9.6	10.0	10.3	11.1	11.3	12.5
103	13.3	14.4											
105	6.3	6.9	7.0	7.4	8.5	8.6	9.1	9.3	9.6	10.0	10.3	11.0	11.3	12.5
105	12.9	14.6											
107	6.4	6.9	7.1	7.4	8.5	8.6	9.1	9.2	9.6	9.9	10.3	10.9	11.2	11.7
107	11.8	12.4	12.8	15.4									
109	6.4	6.9	9.1	9.2	9.6	9.8	10.3	10.8	11.2	11.6	11.8	12.4	12.7	15.5
111	6.4	6.9	9.1	9.2	9.5	9.8	10.2	10.7	11.2	11.5	11.8	12.4	12.6	15.5
113	6.5	7.0	9.0	9.1	9.5	9.8	10.2	10.6	11.1	11.5	11.8	12.4	12.5	15.6
115	6.5	7.0	8.9	9.1	9.5	9.7	10.1	10.6	11.1	11.4	11.8	12.3	12.4	15.6
117	6.5	7.0	8.9	9.0	9.5	9.7	10.1	10.5	11.0	11.3	11.8	12.3	12.4	15.6

Book Folding for the Beginner and Beyond

Page No.	Measure, Mark, Cut & Fold Points												
119	6.6	7.1	8.9	9.0	9.5	9.6	10.1	10.4	10.9	11.3	11.8	15.6	
121	4.9	5.1	6.6	7.1	9.5	9.6	10.1	10.4	10.9	11.2	11.8	15.7	
123	5.0	5.3	6.7	7.2	10.0	10.3	10.8	11.1	11.8	16.0			
125	5.0	5.3	6.7	7.2	10.0	10.3	10.8	10.9	11.8	16.0			
127	5.1	5.4	6.7	7.3	10.0	10.3	11.8	16.0					
129	5.3	5.4	6.8	7.3	10.0	10.3	11.8	16.1	16.5	16.8			
131	5.3	5.6	6.8	7.3	10.0	10.2	11.8	16.8					
133	5.4	5.7	6.8	7.4	10.0	10.2	11.8	16.9					
135	5.5	5.8	6.8	7.5	10.0	10.1	11.8	17.0					
137	5.6	5.8	6.9	7.6	11.8	13.8	13.9	17.0					
139	5.8	6.0	6.9	7.6	11.8	13.8	13.9	17.1					
141	5.8	6.1	7.0	7.7	11.7	13.6	13.8	17.1					
143	5.9	6.2	7.0	7.7	11.7	12.9	13.0	13.5	13.8	17.2			
145	6.0	6.3	7.1	7.8	11.6	12.8	13.0	13.4	13.8	15.0	15.1	17.2	
147	6.1	6.3	7.2	7.8	11.6	12.8	12.9	13.3	13.8	14.7	15.0	17.3	
149	6.2	6.4	7.2	7.8	11.5	12.7	12.9	13.1	13.8	14.1	14.3	14.4	14.8	17.3
151	6.3	6.6	7.3	7.8	11.4	12.4	13.8	14.0	14.7	17.4			
153	6.3	6.7	7.3	7.9	11.4	12.3	14.5	17.5					
155	6.4	6.7	7.3	8.0	11.3	11.5	11.6	12.0	12.1	12.3	14.4	17.8	19.3	20.3
157	6.5	6.8	7.4	8.0	11.3	11.5	11.7	11.9	12.1	12.3	14.3	18.2	18.9	20.4
159	6.6	6.8	7.4	8.1	11.3	11.4	11.8	11.9	12.1	12.2	14.2	20.5	
161	6.8	6.9	7.5	8.1	11.3	11.4	12.1	12.2	14.1	20.6			
163	6.8	6.9	7.6	8.2	11.2	11.3	14.0	20.6					
165	6.9	7.0	7.7	8.2	11.2	11.3	14.0	20.7					
167	7.0	7.2	7.7	8.3	11.1	11.3	14.0	14.1	14.9	20.7			
169	7.1	7.3	7.8	8.3	11.1	11.3	14.8	18.7	19.5	20.7			
171	7.2	7.3	7.8	8.3	11.1	11.2	14.7	18.5	20.0	20.5			
173	7.3	7.4	7.9	8.4	11.0	11.2	14.8	18.3					
175	7.4	7.5	8.0	8.5	11.0	11.2	14.8	18.3					
177	7.4	7.6	8.1	8.6	10.9	11.1	14.7	18.2					
179	7.5	7.7	8.1	8.7	10.9	11.1	14.8	18.1					

Book Folding for the Beginner and Beyond

Page No.	Measure, Mark, Cut & Fold Points												
181	7.6	7.7	8.2	8.8	10.9	11.1	15.6	18.0					
183	7.7	7.8	8.3	8.8	10.8	11.0	15.4	18.0					
185	7.8	7.9	8.4	8.9	10.8	11.0	15.3	18.0					
187	7.8	7.9	8.5	9.0	10.8	10.9	15.2	18.0					
189	7.9	8.0	8.6	9.1	10.8	10.9	15.1	18.0					
191	7.9	8.1	8.7	9.2	10.8	10.9	15.0	18.0					
193	8.0	8.2	8.8	9.2	10.1	10.2	10.7	10.8	15.2	18.0			
195	8.1	8.3	8.8	9.3	10.1	10.2	10.7	10.8	15.8	18.0			
197	8.2	8.3	9.0	9.3	10.1	10.2	10.7	10.8	15.8	17.9			
199	8.3	8.5	9.1	9.4	10.1	10.3	10.6	10.8	15.7	17.9			
201	8.3	8.6	9.3	9.5	10.1	10.3	10.6	10.8	15.8	17.9			
203	8.3	8.7	9.3	9.6	10.1	10.3	10.6	10.8	15.8	17.9			
205	8.4	8.7	9.4	9.6	10.1	10.4	10.5	10.7	15.8	17.9			
207	8.5	8.8	9.6	9.7	10.0	10.7	10.9	11.0	15.8	17.9			
209	8.6	9.4	9.7	9.8	10.0	10.7	10.8	11.0	15.8	17.9			
211	8.7	11.0	15.8	17.8									
213	8.6	11.0	15.7	17.8									
215	8.6	11.1	15.3	17.8									
217	8.6	11.1	15.3	17.7									
219	8.5	11.2	15.6	17.7									
221	8.3	11.3	15.8	17.6									
223	7.9	8.3	8.7	11.3	12.2	13.4	15.8	17.6					
225	7.4	7.9	8.8	11.4	11.8	13.9	15.7	17.4					
227	6.9	7.5	9.0	14.3	15.3	17.3							
229	6.5	7.0	9.2	12.0	13.6	17.0							
231	5.9	6.4	9.3	12.3	15.0	16.8							
233	5.3	6.1	9.3	12.5	15.8	16.8							
235	4.8	5.8	7.8	9.3	9.6	12.7	16.3	16.6					
237	3.4	4.9	7.3	8.9	9.7	12.9							
239	3.3	4.6	6.9	8.6	9.7	13.1							
241	3.3	3.8	6.6	8.3	9.6	13.3							

Book Folding for the Beginner and Beyond

Page No.	Measure, Mark, Cut & Fold Points												
243	6.3	7.9	9.6	13.4									
245	6.1	7.7	9.5	10.7	11.3	13.5							
247	5.8	7.3	9.4	9.7	9.9	10.1	10.2	10.5	11.3	13.6			
249	5.7	7.1	9.3	9.5	9.9	10.1	10.3	10.4	11.4	11.8	12.1	13.7	
251	5.5	6.8	9.3	9.4	9.8	10.1	10.3	10.4	11.5	11.8	12.4	13.7	
253	5.3	6.6	9.2	9.3	9.8	10.0	10.3	10.4	11.6	11.8	12.7	13.6	
255	5.1	6.3	9.8	10.0	11.7	12.0	13.0	13.5					
257	4.9	6.2	9.8	10.0	11.8	12.1							
259	4.8	6.0	9.8	9.9	11.9	12.3							
261	4.7	5.8	9.8	9.9	12.0	12.4							
263	4.5	5.6	9.7	9.9	12.2	12.6							
265	4.3	5.3	9.7	9.8	12.3	12.8							
267	4.3	5.2	9.7	9.8	12.4	12.9							
269	4.1	5.0	9.6	9.8	12.5	13.0							
271	4.0	4.9	9.6	9.8	12.7	13.2							
273	3.9	4.8	9.6	9.8	12.8	13.3							
275	3.8	4.7	9.6	9.7	12.9	13.4							
277	3.7	4.6	9.5	9.7	13.1	13.5							
279	3.6	4.5	9.5	9.7	13.3	13.7							
281	3.4	4.5	4.6	4.8	9.5	9.6	13.4	13.8					
283	3.3	4.8	9.4	9.6	13.6	13.9							
285	3.3	4.8	9.4	9.6	13.8	14.0							
287	3.2	4.8	9.4	9.6	13.9	14.2							
289	3.1	4.8	9.4	9.5	14.0	14.3							
291	3.0	4.8	9.4	9.5	14.1	14.4							
293	2.9	4.8	9.3	9.5	14.3	14.6							
295	2.8	4.8	9.3	9.5	14.3	14.8							
297	2.8	4.8	5.1	5.2	7.8	7.9	9.3	9.5	14.4	14.9			
299	2.8	4.8	5.0	5.2	6.3	6.4	7.7	7.8	9.3	9.5	14.5	15.2	
301	2.7	4.8	4.9	5.2	6.3	6.4	7.7	7.8	9.3	9.5	14.5	15.3	
303	2.6	4.8	4.9	5.1	6.9	7.1	7.6	7.8	9.3	9.5	9.6	9.8	14.6	15.5

Book Folding for the Beginner and Beyond

Page No.	Measure, Mark, Cut & Fold Points												
305	2.5	4.8	4.9	5.1	5.3	5.4	6.8	7.1	7.6	7.8	9.3	9.8	14.1	14.3
	14.7	15.6											
307	2.4	4.8	4.9	5.1	5.3	5.4	6.3	6.4	6.8	7.1	7.5	7.7	9.3	9.8
	14.1	15.6											
309	2.3	4.8	4.9	5.1	5.2	5.5	5.6	5.8	6.3	6.4	6.8	7.1	7.5	7.7
	9.3	9.8	10.0	10.1	14.2	15.7							
311	2.3	5.7	5.9	6.0	6.3	6.4	6.7	7.0	7.4	7.7	9.3	9.8	10.0	10.2
	14.3	15.7											
313	2.3	5.7	5.9	6.0	6.3	6.4	6.7	7.0	7.4	7.7	9.3	10.2	14.4	15.7
315	2.2	5.8	5.9	6.1	6.2	6.3	6.6	7.0	7.4	7.7	9.2	10.2	14.5	15.7
317	2.2	6.1	6.2	6.3	6.5	7.0	7.3	7.7	8.1	8.3	9.2	10.1	14.4	15.8
319	2.1	6.4	6.5	7.0	7.3	7.7	8.1	8.3	9.2	10.1	14.3	15.8		
321	2.0	7.0	7.3	7.7	8.1	8.3	9.2	10.3	13.2	13.4	14.3	15.8		
323	2.0	7.0	7.3	7.7	8.1	8.3	9.1	10.3	13.2	13.6	13.9	15.9		
325	1.9	7.0	7.3	7.7	8.1	8.3	9.1	10.3	10.5	10.6	13.2	13.8	13.9	16.0
327	1.9	7.0	7.3	7.7	8.0	8.3	9.0	10.2	10.4	10.7	13.3	16.1		
329	1.8	7.0	7.2	7.7	8.0	8.3	9.0	10.2	10.4	10.7	11.7	11.9	12.7	13.0
	13.3	16.1											
331	1.8	7.0	7.2	7.7	8.0	8.4	8.9	10.2	10.3	10.7	11.8	12.0	12.4	13.1
	13.3	16.1											
333	1.8	7.0	7.2	7.8	8.0	8.4	8.9	10.2	10.3	10.7	11.8	12.1	12.4	13.2
	13.3	16.1											
335	1.8	7.0	7.2	7.8	8.0	8.4	8.8	10.7	11.8	12.2	12.4	13.3	13.4	16.1
337	1.7	7.8	7.9	8.4	8.8	10.7	11.1	11.3	11.8	12.3	12.4	16.1		
339	1.7	7.8	7.9	8.4	8.7	10.8	11.1	11.3	11.8	12.3	12.5	16.1		
341	1.7	8.3	8.6	10.8	11.0	11.3	11.8	12.4	12.5	16.0				
343	1.7	9.1	9.2	10.8	11.0	11.4	11.8	16.0						
345	1.6	9.1	9.2	10.8	11.0	11.6	11.9	15.9						
347	1.6	9.1	9.2	10.8	10.9	11.7	11.9	15.9						
349	1.6	9.0	9.2	10.8	10.9	11.8	11.9	15.8						
351	1.6	9.0	9.2	11.8	12.0	15.8								

Book Folding for the Beginner and Beyond

Page No.	Measure, Mark, Cut & Fold Points												
353	1.6	9.0	9.2	11.8	12.0	15.8							
355	1.7	8.9	9.2	11.9	12.0	15.8							
357	1.7	8.9	9.2	12.0	12.1	15.7							
359	1.7	8.8	9.3	15.7									
361	1.8	8.8	9.3	15.6									
363	1.8	8.8	9.3	15.6									
365	1.8	8.7	9.3	15.5									
367	1.9	8.7	9.4	15.5									
369	2.0	8.6	9.6	15.4									
371	2.3	3.8	5.3	8.5	9.8	15.3							
373	5.8	8.3	9.8	15.3									
375	6.1	8.3	9.9	15.3									
377	6.5	8.1	10.0	15.3									
379	7.4	7.9	10.1	15.3									
381	10.2	15.3											
383	10.8	15.4											
385	10.8	12.3	12.5	13.8	14.4	15.4							
387	11.0	11.8	12.1	12.3	12.6	13.7	14.7	15.5					
389	11.2	11.8	12.8	13.6	14.8	15.6							
391	11.3	11.7	12.8	13.3	15.0	15.7							
393	12.9	13.2	15.1	15.8									
395	15.2	15.9											
397	15.3	16.2											
399	15.3	16.3											
401	15.4	16.6											
403	15.5	16.8											
405	15.6	17.0											
407	15.7	17.1											
409	15.8	17.2											
411	15.8	17.2											
413	15.9	17.2											

Book Folding for the Beginner and Beyond

Page No.	Measure, Mark, Cut & Fold Points												
415	16.0	17.2											
417	16.1	17.2											
419	16.3	17.1											
421	16.4	17.0											

About the Author

The author is an avid crafter, hiker, and nature lover. She has been a special education teacher for over two decades. She began her career in the Peace Corps, and currently teaches at a public middle school in upstate NY. She is inspired by her students who struggle daily with reading and writing, but yet persevere and are successful. She has enjoyed a lifetime of crafting including origami, sewing, crocheting, embroidery, and currently book folding.

This is her first publication. She is excited to share her love of book folding with you. She owns and operates the successful Etsy store, PatternyBooks, specializing in book folding patterns. This book was conceived from the overwhelming questions and feedback from her customers. With the publication of this book, she hopes to popularize the art of book folding to both crafters and aspiring crafters.

She lives with her family in the Albany, NY area.

Scan QR code for additional information about the author, her ETSY store and video tutorials

Happy Folding

Made in the USA
Middletown, DE
22 June 2022